다 함께 잘사는 법을 알려 주는 정치 동화

신기루도시의 정치를 구하라!

정치는 다 함께 행복하기 위해 꼭 필요해요!

뉴스를 보면 거의 날마다 정치와 관련된 이야기가 나와요. 왜 그럴까요? 그만큼 정치가 우리에게 중요하기 때문이에요. 정치를 어떻게 하느냐에 따라 우리의 생활이 크게 달라지거든요.

그런데 의외로 정치에 관심이 없는 어린이들이 아주 많아요.

"정치는 어른들만 알면 되지 않나요?"

"정치는 어려워요."라고 말하는 어린이들이 많지요.

정치는 어른들만 알아야 하는 것도 아니고, 어렵지도 않아요.

정치는 우리 생활과 아주 밀접하게 관련되어 있어서 어릴 때부터 정치를 올바르게 이해하고 있어야 해요. 세 살 버릇 여든까지 가듯이 어린 시절에 정치에 관심을 갖게 되면 어른이 된 뒤에도 정치에 능동적으로 참여할 수 있거든요.

이 책은 신기루도시에 갇혔던 어린이들이 힘을 모아 원래 살던 마을로 돌아오는 이야기를 담고 있어요. 그 과정에서 준수, 철민, 향기, 원탁이 등의 주인공들은 여러 가지 갈등을 겪어요.

　사람이 함께 모여 살게 되면 항상 여러 가지 갈등이 생기니까요. 주인공들은 서로 대립하고, 갈등을 조정하며 해결책을 찾는 과정 속에서 서서히 정치의 중요성을 깨달아요.

　정치를 통해 사람과 사람 사이에 일어나는 갈등을 해소하고, 모든 사람이 행복하게 살 수 있는 방법을 찾지요. 그렇게 해서 이들은 신기루도시에서 겪는 어려움을 하나둘 헤쳐 나가요.

　이 책을 읽고 '정치'를 좀 더 깊이 생각해 봤으면 해요. 우리 모두가 보다 행복해지려면 정치가 꼭 필요하거든요.

　이 책에 등장하는 주인공들의 모험 이야기를 찬찬히 읽으면서 왜 우리에게 정치가 필요하고, 왜 우리가 정치에 관심을 가져야 하는지 생각해 보세요. 그러다 보면 세상을 올바로 바라보는 눈도 생기고, 생각하는 힘도 훌쩍 자라날 테니까요.

　자, 그럼 우리 모두 신기루도시로 모험을 떠나 볼까요!

황근기

차례

신기루도시 속으로 -10

신기루도시에도 정치가 필요해 -30

정치는 원래 사람을 행복하게 하는 일이야 -61

신기루도시의 리더를 뽑다 -87

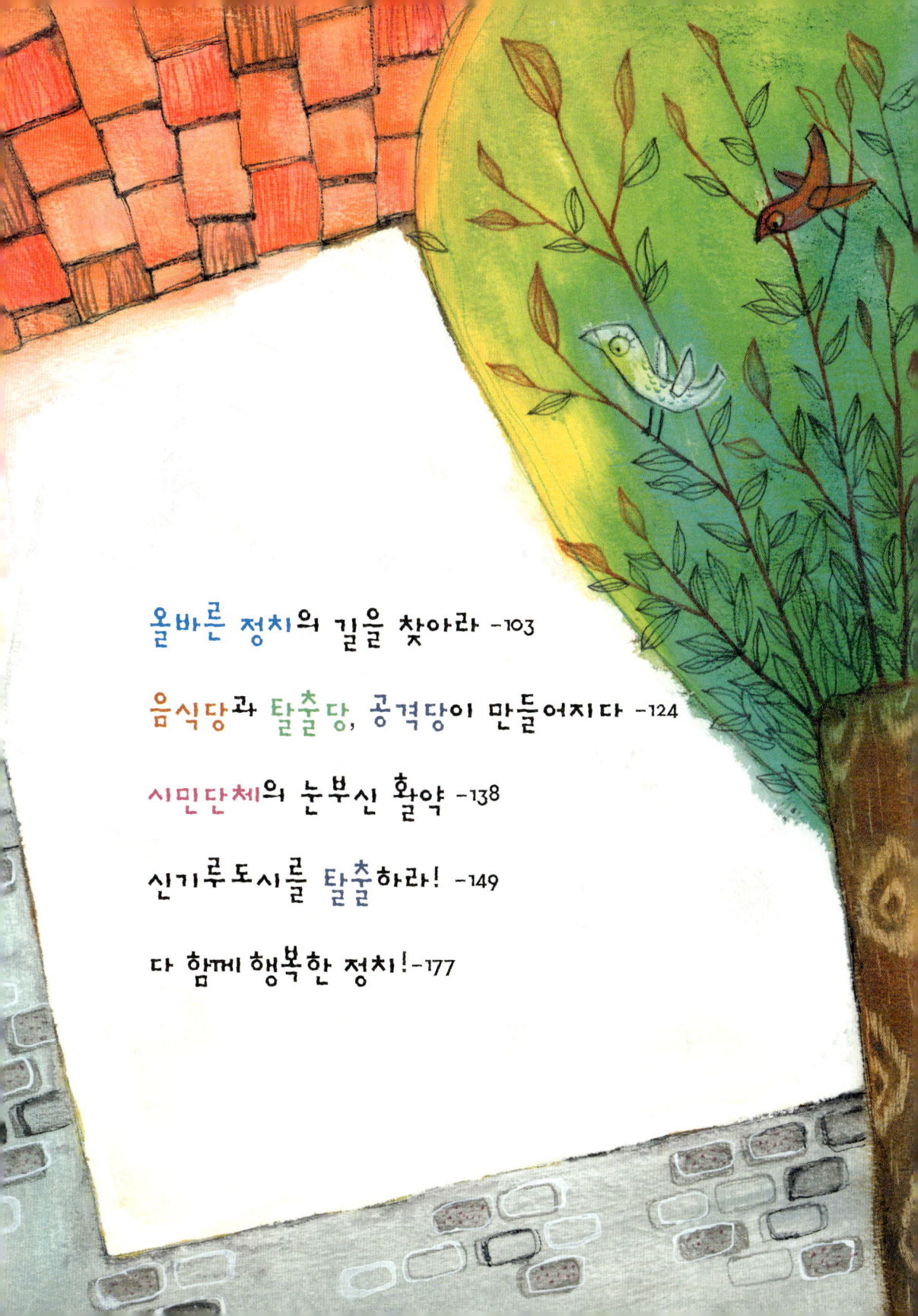

올바른 정치의 길을 찾아라 -103

음식당과 탈출당, 공격당이 만들어지다 -124

시민단체의 눈부신 활약 -138

신기루도시를 탈출하라! -149

다 함께 행복한 정치! -177

신기루도시 속으로

아직도 나는 믿을 수 없다. 정말 우리가 그 일을 겪었을까?

그날은 국회의원 **선거**일이었다. 설거지를 끝낸 엄마는 아침부터 부산을 떨었다.

"여보, 빨리 준비해요. 어서 투표하러 가야지요."

"귀찮은데 투표 안 하면 안 될까?"

"여보! 투표는 국민의 의무예요. 투표를 해서 정치인들을 잘 뽑아야 모든 국민이 행복하게 잘살 수 있지요."

엄마는 선생님이 아이를 가르치듯 말했다. 하지만 아빠는 나무늘보처럼 소파에 누워 좀처럼 일어날 생각을 하지 않았다.

"에이, 국회의원 선거하면 뭐해? 뽑아 놓으면 날마다 국회에서 싸움질이나 하잖아."

"그러니까 우리가 나서서 올바른 정치인을 뽑아야지요."

엄마 아빠는 한 치도 물러서지 않고 실랑이를 벌였다.

＊선거

선거권(선거를 할 수 있는 권리)을 가진 사람이 공직자를 투표로 뽑는 일을 선거라고 해요. 선거는 국민이 정치에 참여할 수 있는 가장 기본적인 방법이에요. 선거를 통해 올바른 정치인을 뽑아 국민을 대표해서 정치를 잘하도록 하는 것이죠. 민주주의 선거에는 네 가지 원칙이 있어요. 바로 보통선거, 평등선거, 직접선거, 비밀선거예요.

- **보통선거**: 사회적 신분, 교육, 재산, 인종, 성별 등과 상관없이 법으로 정한 일정한 나이가 되면 모든 국민이 원칙적으로 똑같은 선거권을 갖는다는 뜻이에요.
- **평등선거**: 말 그대로 평등하게 선거를 한다는 뜻이에요. 어떤 사람은 두 표, 어떤 사람은 한 표를 행사하는 것이 아니라 모두 한 표만 행사할 수 있는 것을 말해요. 또 지위가 높고 재산이 많다고 해서 표의 가치가 달라질 수 없는 것을 의미해요.
- **직접선거**: 다른 사람이 선거를 대신할 수 없다는 것을 말해요. 직접선거에는 대통령 선거, 국회의원 선거 등이 있어요.
- **비밀선거**: 누가 누구에게 투표했는지 비밀이 보장되어야 한다는 원칙이에요.

사실 한때 내 꿈은 국회의원이었다. 어른들이 "넌 꿈이 뭐니?" 하고 물어보면, 대뜸 "국회의원이에요."라고 대답했다.

내가 국회의원의 꿈을 접은 데는 다 그만한 이유가 있다. 뉴스를 보면 정치인들은 서로 큰소리를 치며 싸우기만 한다. 심지어 폭력을 휘두르는 정치인도 있다. 솔직히 이런 정치인들이 왜 필요한지 모르겠다. 날마다 싸우고, 욕하고, 서로 헐뜯기만 하는 정치인들을 왜 뽑아야 할까?

그리고 정치는 어른들이 하는 일이니까 우리 같은 어린이들은 관심을 끊고 사는 게 현명하다. 어차피 어린이가 할 수 있는 일은 아무것도 없으니까.

하지만 선거일은 자주 있으면 좋겠다. 왜냐고? 선거일은 임시 공휴일이니까!

'그나저나 오늘은 뭘 하고 놀지?'

늘어지게 하품을 하는데 핸드폰이 울렸다.

"여, 여보세요?"

"준수야, 나야."

우리 반 회장인 향기였다. 향기는 의리 있고 정의감 넘치는 여자아이로 내 단짝친구다.

"준수야, 너 소식 들었니?"

"무슨 소식?"

"강 건너편에 신기루도시가 생겼어."

"에이, 난 또 뭐라고? 새삼스럽게 뭘 그렇게 호들갑이냐?"

언제부터인가 우리 마을에는 해마다 이맘때면 강 건너편에 잠시 신기루가 나타났다 사라지곤 했다. 짙은 안개 사이로 어떤 도시의 모습이 어른거렸는데, 우리는 이 도시를 '신기루도시'라고 불렀다.

한 방송국에서 우리 마을의 신기루 현상을 특집 프로그램으로 다룬 적도 있다. 그때 나도 그 방송을 봤다. 왜 신기루가 일어나는지는 잘 모르겠지만 실제로 보면 엄청 신기하다. '진짜 도시가 강 건너편에 있는 건 아닐까?' 하는 착각이 들 정도다. 그 뒤로 이맘때만 되면 우리 마을은 신기루를 보러 오는 관광객으로 넘쳐난다.

"준수야, 이번 신기루도시는 정말 특별해. 완전 진짜 같다니까."

"나도 알아. 작년에도 다리 위에서 함께 봤잖아."

"작년에 본 신기루랑 차원이 달라. 준수야, 혹시 진짜 도시가 아닐까?"

"뭐? 진짜 도시?"

"그래, 우리 마을 강 건너편에 진짜 도시가 존재하는 거야. 평소에는 절대 우리 눈에 보이지 않아. 하지만 해마다 한 번 정도 무슨 이유인지 짠! 하고 모습을 드러냈다가 다시 사라져 버리지."

"향기야, 너 요즘 판타지 소설 너무 많이 보는 거 아니니?"

나는 고개를 가로저으며 전화기를 오른손으로 바꿔 들었다.

"어쨌든 준수야, 빨리 나와 봐. 언제 사라져 버릴지 모르잖아. 이번에 안 보면 평생 후회할걸."

마침 할 일도 없었는데 잘 됐네. 전화를 끊자마자 나는 옷을 갈아입고 강변 근처로 뛰어갔다.

'도대체 어떤 신기루이기에 저렇게 호들갑을 떨지?'

강변에는 벌써 수많은 사람이 자리를 잡고 있었다. 운 좋게 기다리던 신기루를 목격하게 된 관광객들은 연신 카메라 셔터를 눌러 대며 환호성을 질렀다.

"와우, 대단하다."

"이렇게 신기한 현상은 처음이야. 빨리 사진 찍자!"

그때 향기가 나를 먼저 알아보고 손짓을 했다.

"준수야, 여기야!"

"어이, 준수 왔냐?"

향기 옆에 서 있던 철민이가 주먹으로 내 배를 치는 시늉을 하며 인사를 건넸다. 철민이는 별명이 독불장군이고, 우리 학교의 전교 학생 회장이다. 녀석은 시도 때도 없이 국회의원인 자기 아버지 흉내를 내며 자기 멋대로 아이들을 이끌려고 한다. 게다가 어려운 용어를 써 가며 잘난 척은 또 얼마나 하는지.

"준수야, 저기 좀 봐!"

"와, 저게 정말 신기루야?"

"뭘 그렇게 놀라니? 공중에 떠 있는 물방울 때문에 잠시 나타나는 가짜 도시인데."

철민이가 언제나처럼 도도한 표정을 지으며 말했다.

"강 건너에 저런 신기루 현상이 나타나는 이유는 안개 때문이야. 안개 속 물방울 하나하나가 빛을 굴절시키는 렌즈 역할을 하거든. 그래서 사람이 본 방향은 물 위지만 안개 때문에 빛이 굴절되어 가짜 도시가 물 위에 나타나는 거야."

"우아, 역시 철민이는 아는 게 많구나."

향기는 눈을 반짝이며 철민이를 바라봤다. 그러자 철민이는 썩은 미소를 지으며 자신만만한 표정을 지었다.

"뭘 이 정도 가지고. 상식이지 뭐."

하지만 내 눈에는 신기루도시가 진짜처럼 보였다.

"그런데 가, 가로등 불빛까지 켜져 있잖아. 저게 정말 공중에 떠 있는 물방울 때문에 나타나는 신기루야?"

"거 봐, 내가 이번에 안 보면 평생 후회할 거라고 했지."

향기는 내 어깨를 툭 치며 빙긋 웃었다.

얼마나 그렇게 서 있었을까? 향기가 나지막한 목소리로 속삭였다.

"얘들아, 우리 신기루도시에 좀 더 가까이 가 보지 않을래?"

"다, 다리를 건너가 보자고?"

"그래, 다리를 건너서 가까이 가 보면 신기루도시가 어떻게 보일지 궁금하지 않니?"

바로 그때, 등 뒤에서 원탁이의 목소리가 들렸다.

"어이, 모두 여기 모여 있었구나."

원탁이는 우리 반에서 나와 가장 친한 친구다. 원탁이는 다 좋은데, 식탐이 많은 게 흠이다.

"너희, 나만 빼 놓고 무슨 음모를 꾸미는 거냐?"

원탁이는 실눈을 뜨고 우리 셋의 얼굴을 번갈아 바라보았다.

"원탁아, 너도 함께 갈래?"

"어딜? 갑자기 무슨 뚱딴지 같은 소리야?"

"신. 기. 루. 도. 시."

향기는 군인이 상관에게 대답할 때처럼 딱딱 끊어서 말했다.

"신기루도시?"

"그래, 너 저 신기루도시에 가까이 가 본 적 있어?"

"없지. 신기루도시는 잠깐 나타났다가 사라져 버리잖아."

"네가 직접 확인해 봤어?"

"뭘?"

"저 신기루도시가 가짜인지 네 눈으로 직접 확인해 봤냐고?"

"그걸 꼭 직접 확인해 봐야 아냐?"

"그럼 넌 여기 있어, 우리만 갔다 올 테니까."

향기는 주저하는 나와 철민이의 등을 떠밀었다. 원탁이를 향해 어깨를 으쓱해 보이자 원탁이는 '쓸데없는 짓들 하고 있네.'라는 눈빛으로 고개를 절레절레 흔들었다.

하지만 원탁이의 생각은 1분도 채 안 되어서 바뀌었다. 우리가 몇 걸음 걸어가기도 전에 안개 속에서 원탁이의 목소리가 들렸다.

"얘들아, 나도 같이 가!"

안개가 너무 짙게 끼어서 원탁이가 마치 허공에서 불쑥 튀어나오는 것처럼 느껴졌다.

"얘들아. 헉헉, 같이 가자."

"하여튼 변죽이 죽 끓듯 한다니까."

나는 환영한다는 뜻으로 원탁이와 하이파이브를 했다.

우리가 다리 근처에 다다르자 '기호 1번 열심히 하겠습니다.'라고 쓴 현수막이 바람에 펄럭이는 게 보였다. 투표소 앞으로는 **투표를 하려온 사람**들이 긴 줄을 만들고 있었다. 우리는 잠시 걸음을 멈추고 줄을 서 있는 사람들을 지켜봤다.

"난 날마다 선거를 하면 좋겠어."

원탁이의 말에 철민이가 물었다.

"왜?"

"그럼 날마다 놀 수 있잖아."

"하여튼 원탁이 참 너다운 생각이다."

"솔직히 나는 어른들을 이해할 수가 없어. 왜 어른들은 정치를 하려고 저렇게 기를 쓰지? 정치 없이도 행복하게 잘살 수 있을 것 같은데……."

나도 솔직히 정치가 왜 필요한지 모르겠다. 하지만 철민이 앞에서 그런 말을 할 수는 없었다.

"원탁아, 그건 네가 정치를 잘 몰라서 그래. 우리에게는 정치가 꼭 필요해."

나는 마치 정치를 잘 알고 있다는 투로 말했다. 그러자 원탁이가 눈을 동그랗게 뜨고 나를 바라보았다.

"어! 준수 넌 정치가 왜 필요한지 알아?"

"다, 당연하지."

"왜 필요한데?"

원탁이는 정말 궁금하다는 표정으로 나를 뚫어지게 보았다. 하지만 내가 그런 걸 알 리 없지 않은가. 솔직히 나도 날마다 싸움질이나 하는 정치 따위 필요 없다고 생각하는 사람인데. 이 위기를 어떻게 넘긴담?

정치와 친해지기

＊유권자

선거권을 가진 사람을 유권자라고 해요. 현재 우리나라에서는 만 19세가 된 국민은 누구나 선거권을 갖지요. 유권자들이 선거에 적극 참여해서 자신의 의사를 표현해야 올바른 정치 문화를 만들 수 있어요.

그때 나를 위기에서 구해 준 사람은 바로 향기였다.

"애들아, 그런 골치 아픈 얘기는 나중에 하면 안 되겠니?"

아, 정말이지 향기가 얼마나 고마웠는지 모른다.

"그, 그럴까? 원탁아, 정치가 왜 필요한지는 나중에 알려 줄게."

이렇게 말하며 나는 가슴을 쓸어내렸다.

다리를 건너기 시작한 지 얼마나 지났을까?

"애들아, 내 눈이 이상한 게 아니지?"

"뭐가?"

"너희도 저 신기루도시가 점점 뚜렷하게 보이니?"

내 질문에 셋은 거의 동시에 고개를 끄덕였다.

"응."

"우리 이제 그만 돌아가자. 안개가 너무 짙게 꼈어."

맨 뒤에 있던 원탁이의 목소리가 석고처럼 딱딱하게 굳어 있었다. 솔직히 나도 그만 돌아가고 싶은 마음이 굴뚝같았다. 왠지 신기루도시가 가까워질수록 기분이 좋지 않았다. 하지만 향기는 아무렇지도 않다는 듯이 성큼성큼 앞으로 걸어갔다.

"안개가 뭐가 무섭다고 그래? 이제 곧 걷힐 텐데, 걱정하지 말고 나만 따라와."

향기 뒤에서 걸어가던 철민이도 뭔가가 걱정된다는 표정이었다.

"조, 조금 이상하기는 하다."

"뭐가?"

"보통 사막의 신기루는 한동안 진짜처럼 느껴지지만 가까이 다가가면 순식간에 사라져 버리잖아."

"그렇지."

"신기루도시도 사막의 신기루처럼 가까이 다가가면 그렇게 사라져야 하지 않아? 그런데……."

철민이는 말끝을 얼버무렸지만 우리 셋은 철민이가 무슨 말을 하려고 하는지 이미 눈치채고 있었다. 철민이가 말한 대로 신기루도시는 이상하게도 가까이 다가갈수록 오히려 그 모습이 점점 뚜렷해졌다.

"저게 뭐지?"

맨 앞에서 열심히 걷던 향기가 걸음을 멈추고 위를 올려다봤다. 이정표였다. 이정표에는 안개 사이로 선명하게 보이는 신기루도시의 그림이 새겨져 있었다. 그런데 이정표 속의 도시가 우리 마을과 닮아보이는 것이 아닌가. 나는 이상한 느낌이 들었다. 원탁이도 똑같이 느낀 모양이었다.

"누가 이런 장난을 쳤지? 우리 마을이랑 똑같잖아."

원탁이의 말에 철민이가 또 잘난 척을 했다.

"이건 시에서 관광객들을 유치하려고 설치해 놓은 관광용 이정표일 뿐이야."

"시에서?"

철민이가 거드름을 피며 대답했다.

"그래, 우리 시에서는 신기루가 생기는 현상을 대대적으로 홍보하고 있어. 관광객을 많이 유치하면 지역 사회에 큰 도움이 된다나 뭐라나."

"어? 그런 건 **정부**에서 하는 일 아니야?"

원탁이의 질문에 철민이는 기다렸다는 듯이 본격적으로 잘난 척을 하기 시작했다.

"원탁아, 넌 **지방 자치제**도 모르냐?"

철민이는 잘난 척을 할 때 꼭 '넌 그것도 모르냐?'라고 물어보는 버릇이 있다.

"그게 뭔데?"

"지방 자치제는 자기 고장의 일은 주민 스스로 결정하고 실천하는 민주 정치 제도야."

"철민아, 좀 쉽게 얘기해 주면 안 되겠니?"

정치와 친해지기

* 정부

'정부'는 일반적으로 '중앙 정부'를 가리켜요. 중앙 정부란 전국을 총괄하는 행정 기관을 가리키는 말이에요. 중앙 정부는 대통령과 국무총리를 중심으로 하는 행정부가 조직되어 있고요. 행정부에는 수많은 나랏일을 분담하기 위해 15개의 부서가 있어요. 국방에 관련된 일을 하는 국방부, 나라의 정책을 세우고 예산 및 세금에 관한 일을 하는 기획재정부, 외국과의 무역이나 조약을 체결하고 국민을 보호하는 일을 하는 외교통상부, 환경 보전과 환경오염 방지에 관한 일을 하는 환경부 등이 있어요.

"아유, 답답해. 나이가 몇 살인데 아직 지방 자치제도 모르냐? 쉽게 얘기해서 우리 시에서 할 일은 우리 스스로 찾아 의논하고 결정하면서 스스로 살림살이를 해 나가는 거야. 그게 지방 자치제라고, 알았냐?"

"하지만 우리 동네 어른들은 정치를 안 하시잖아."

원탁이의 질문에 철민이는 손바닥으로 이마를 딱 때리며 말했다.

"아유, 머리야! 우리 시에 사는 수많은 시민이 어떻게 다 지방 정치에 참여할 수 있겠냐? 그 많은 사람이 모여서 회의할 곳도 없고, 다 같이

정치와 친해지기

* 지방 자치제

지방 자치제는 각 고장마다 현지 사정에 맞는 정치를 하기 위해 만들어진 제도예요. 각 고장의 주인은 그곳에 사는 주민들이지요. 지방 자치제는 각 고장 주민들이 스스로 여러 가지 문제를 해결하며 자기 고장을 더욱 잘살게 하려는 취지에서 만들어졌어요.

지방 자치제에서 지방 자치 단체를 중앙 정부와 상대되는 개념으로 지방 정부라고 해요. 지방 정부는 중앙 정부 아래에서 국가 영토의 일부를 법률이 정하는 범위 안에서 담당하고 행정을 맡아보는 권한을 가져요. 예를 들어, 우리나라의 수도인 서울을 맡아서 행정 업무를 처리하는 사람들은 누구일까요? 바로 서울시장과 공무원들이에요. 서울도 우리나라의 한 지역이므로 중앙 정부가 아니라 지방 정부가 맡는답니다.

시간을 내기도 힘들잖아. 그래서 선거로 뽑은 지방 의회 의원과 지방 자치 단체장이 우리를 대신해서 우리 시의 일을 하는 거야."

"얘, 얘, 얘들아……. 지, 지, 지금 그깟 이정표 가지고 입씨름할 때가 아니야."

나는 향기가 그때처럼 말을 심하게 더듬는 모습은 본 적이 없었다.

"저, 저기 또다른 다, 다, 다리가 있어."

향기는 믿을 수 없다는 듯 고개를 가로저었다. 그리고는 떨리는 손으로 안개 속에 반쯤 가려져 있는 구름다리를 가리켰다. 철민이와 원탁이도 입씨름을 멈추고 아치형으로 생긴 작은 구름다리를 바라보았다. 그 다리는 아무리 봐도 신기루처럼 보이지 않았다.

"준수야! 저, 구름다리 진짜처럼 생겼는데……."

원탁이의 말에 나는 나도 모르게 침을 꼴깍 삼켰다. 그리고 우리는 고양이 목에 방울을 달러 가는 생쥐들처럼 다리를 향해 천천히 걸음을 옮겼다.

작은 아치형 구름다리 뒤에는 거대한 신기루도시가 우뚝 솟아 있었다. 이게 정말 허공에 떠 있는 물방울들이 만들어 놓은 신기루일까?

"우리 저 구름다리 위로 올라가 볼까?"

향기의 말에 우리 셋은 펄쩍 뛰었다.

"너 미쳤냐? 아무리 진짜처럼 보여도 저건 가짜 다리야. 신기루라고. 저 위에 올라섰다가는 곧바로 강물에 빠질걸."

아치형 구름다리 밑에서는 강물이 출렁이는 소리가 들렸다. 하지만 향기는 막무가내였다.

"좋아, 그럼 내가 올라가 볼 테니까 너희는 여기 서 있어."

"야, 향, 향기야!"

향기는 심호흡을 크게 한 번 하고 나서 구름다리 위로 발을 올려놓았다. 그 순간 나는 향기가 강물 속으로 빠지는 줄 알고 향기의 손을 잡으려 팔을 뻗었다. 하지만 아무 일도 일어나지 않았다.

"향기가 구름다리 위에 서 있어……."

나는 내 눈으로 보고도 믿을 수가 없었다.

"얘들아, 너희도 올라와 봐. 이건 진짜 다리야."

"이상해……. 강 건너에 이런 다리가 있는 걸 본 적이 없는데."

원탁이가 구름다리의 난간을 손으로 툭툭 두드려 보며 떨리는 목소리로 말했다. 그 모습이 마치 골동품의 진품 여부를 판별하는 전문가처럼 보였다. 그러다 갑자기 뭔가 생각났다는 듯이 말했다.

"서, 서, 설마 저 신, 신기루도시도 진짜는 아니겠지?"

"글쎄, 여기까지 왔으니까 일단 이 구름다리를 넘어가서 직접 확인해 보자."

이미 향기는 우리 의견을 물어보지도 않고 구름다리를 건너고 있었다.

아, 그때 그 구름다리를 넘어가지 말아야 했는데…… 하긴, 이제 와서 후회를 해 봐야 무슨 소용이 있겠는가.

신기루도시에도 정치가 필요해

"얘, 얘들아. 가, 가로등도 진짜야."

가로등은 안개 때문인지 촉촉하게 젖어 있었다. 손을 떼자 가로등 기둥에 내 손자국이 고스란히 찍혔다. 나는 너무 놀라 하마터면 그 자리에 주저앉을 뻔했다. 하지만 향기가 보고 있지 않은가. 사나이 체면이 있지, 향기에게 겁쟁이라는 소리를 들을 수는 없다. 나는 사시나무처럼 덜덜 떨리는 다리에 힘을 주며 가까스로 그 자리에 버티고 섰다.

철민이는 마치 이제 막 수사를 시작하려는 탐정처럼 사방을 꼼꼼히 살피며 말했다.

"그렇다면 신기루도시가 진짜 도시라는 말인데……."

"신기루도시가 진짜 도시라면 왜 평상시에는 안 보이지?"

원탁이의 질문에 우리는 꿀 먹은 벙어리처럼 서로의 얼굴을 바라보았다. 한 1분 정도 무거운 침묵이 흘렀다. 그 1분 동안 '빨리 여기를 빠져나가자.'라는 말이 목구멍까지 올라왔지만 꾹 참았다.

그때 원탁이가 떨리는 목소리로 말했다.

"얘들아, 빨리 여기를 나가자. 왠지 기분 나쁘다."

원탁이의 말에 향기가 눈을 반짝이며 말했다.

"조금만 더 살펴보고 가면 안 될까? 너희 이 신기루도시가 어떤 곳인지 궁금하지도 않니?"

향기는 철민이와 나를 바라보며 어깨를 으쓱했다.

"좋아, 조금만 더 살펴보자."

철민이가 남자답게 가슴을 쫙 펴며 말했다. 솔직히 나는 당장 그 자리에서 도망치고 싶었다. 하지만 철민이에게 질 수는 없지, 암!

"원탁아, 넌 무슨 겁이 그렇게 많아? 내 옆에만 꼭 붙어 있어. 무슨 일이 생기면 내가 도와줄테니까."

나는 내가 낼 수 있는 한 가장 큰 소리로 말했지만 말끝이 떨리는 것까지 숨길 수는 없었다.

"고마워. 준수야. 역시 넌 내 가장 친한 친구야."

원탁이가 축축하게 젖은 손으로 내 손을 꼭 붙잡았다.

"이 건물 위로 올라가 보자."

향기는 신기루도시에서 가장 높은 건물을 손가락으로 가리켰다.

"왜?"

"꼭대기에 올라가면 사방이 다 보이잖아. 신기루도시가 얼마나 큰지 확인해 보고 싶어."

우리는 혹시나 하는 마음으로 엘리베이터 안으로 들어가 맨 꼭대기 층인 '14층' 버튼을 눌렀다. 솔직히 그때까지만 해도 긴가민가했는데 엘리베이터는 놀랍게도 정상적으로 가동되었다! 엘리베이터는 지나치게 천천히 움직였다. 실제로는 짧은 시간이었을지도 모른다. 하지만 나에게는 그 시간이 엄청나게 길게 느껴졌다. '만약 엘리베이터가 중간에 멈추면 어떡하지?' '혹시 유령들이 사는 곳으로 연결되어 있는 건 아닐까?' 등등 별별 생각이 다 들었다.

다행히 엘리베이터는 14층에서 정확하게 멈추었고, 우리는 서둘러서 내렸다. 14층에서는 강 건너 우리가 살고 있는 마을과 신기루도시가 한눈에 들어왔다. 강변에서 관광객들이 사진을 찍고 있는 모습도 보였다.

"어라? 얘들아. 저기 저 학교 말이야. 우리 학교랑 똑같이 생기지 않았니?"

향기가 우리 마을과 신기루도시의 학교를 번갈아 가리키며 말했다.

"뭐? 에이, 그럴 리가……."

원탁이는 말을 하다 말고 눈이 휘둥그레졌다. 놀랍게도 신기루도시는 우리 마을과 똑같은 모습이었다. 마치 우리 마을을 거울에 비춰 놓은 것만 같았다. 학교뿐만이 아니라 주민 센터, 마트, 심지어 가로수까지……. 모든 것이 우리 마을과 똑같았다.

"미, 믿을 수 없어."

"나도……."

그때 내 머릿속에 이정표가 떠올랐다.

"그, 그럼 아까 그 이정표가……."

우리는 입을 떡 벌리고 신기루도시를 바라보았다.

"어떻게 이럴 수가 있지? 철민아, 이런 현상도 과학적으로 설명할 수 있니?"

철민이는 내 질문을 못 들은 척하며 딴소리를 했다.

"어른들이 신기루도시가 진짜라는 사실을 알면 어떤 표정 지을까?"

"글쎄……."

바로 그때였다. 원탁이가 바퀴벌레라도 발견한 사람처럼 화들짝 놀라며 말했다.

"얘들아, 안개가 우리 마을 쪽으로 몰려가고 있어."

"뭐?"

나는 그 광경을 직접 눈으로 보면서도 믿을 수가 없었다. 마치 누군가가 지우개로 우리 마을을 쓱쓱 지우는 듯 보였다. 순식간에 우리 마을은 안개 속으로 사라져 버리고, 신기루도시 역시 짙은 안개로 뒤덮였다.

"사라져 버렸어. 사라져 버렸어……."

원탁이는 '우리 마을이'라는 말을 빼고 그냥 '사라져 버렸어.'라는 말만 되풀이했다.

"아니야, 안개 때문에 우리가 잘못 봤는지도 몰라. 일단 빨리 이곳을 빠져나가자."

철민이의 말에 우리 모두는 재빨리 엘리베이터를 타고 1층으로 내려왔다. 엘리베이터에서 내리자마자 우리는 뛰기 시작했다.

"구름다리는 주민 센터 동쪽에 있었어!"

우리는 100미터 달리기 시합을 하듯 구름다리를 향해 뛰었다. 방금 전에는 구름다리에서 14층짜리 건물까지 걸어오는 데 약 5분 정도밖에 걸리지 않았다. 그런데 이게 어떻게 된 일일까? 15분 정도 있는 힘을 다해 뛰었는데도 구름다리는 나타나지 않고, 사방은 짙은 안개뿐이었다.

"방향을 잘못 잡은 게 아닐까?"

"아니야, 동쪽이 확실해. 내 손자국이 있는 가로등 바로 옆에 구름다리가 있었거든."

"그럼 이게 어떻게 된 거야?"

원탁이의 얼굴에 공포의 빛이 감돌았다. 우리는 혹시나 하는 마음에 10분 정도를 더 걸어가 보았다. 하지만 보이는 것은 온통 짙은 안개뿐이었다.

"얘들아, 아무래도 우리가 신기루도시에 갇힌 것 같아."

향기가 지친 듯이 말했다.

"일단 되돌아가자. 계속 가 봐야 안개밖에 없어."

우리는 낙오병들처럼 터덜터덜 다시 신기루도시를 향해 걷기 시작했다. 신기루도시가 다시 나타나자 조금 안심이 되었다. 안개 속에 갇혀 있기보다는 그나마 신기루도시에 있는 편이 나았다.

"미, 미안해. 나 때문에……."

향기는 잔뜩 풀이 죽어 있었다. 옳지! 이때가 아니면 언제 남자다운 모습을 보일 수 있겠는가.

"향기야, 내가 지켜줄 테니까 너무 걱정하지 마."

내가 생각해도 조금 느끼한 말이었지만 진심이었다. 그러나 향기는 그저 힘없이 고개만 끄덕일 뿐 가타부타 말이 없었다.

"이제 어떻게 하지?"

"일단 14층 건물로 올라가서 주위를 다시 한 번 살펴보자."

철민이는 우리의 의견 따위는 안중에도 없다는 듯이 14층 건물로 발길을 돌렸다. 우리가 14층 건물의 현관에 이르렀을 때였다.

"얘들아, 너희 무슨 소리 못 들었니?"

향기가 건물 바깥 쪽을 돌아보며 말했다.

"아니."

"쉿! 잘 들어 봐."

우리는 눈을 감고 귀를 기울였다. 그러자 멀리서 개 짖는 소리가 들렸다.

"개? 신기루도시에 개가 있다니 신기하네."

"신기루도시에 사는 개일까? 아니면 우리처럼 신기루도시에 들어왔다가 갇혔을까?"

"글쎄, 일단 개가 짖는 곳으로 가 보자."

짙은 안개의 벽을 뚫고 한 발 한 발 앞으로 나가자 개 짖는 소리가 점점 또렷하게 들렸다.

"설마 미친 개는 아니겠지?"

"원탁아! 제발 재수 없는 소리 좀 하지 마라."

향기가 원탁이에게 짜증스런 목소리로 쏘아 붙였다. 모두 너무 갑자기

황당한 일을 당하다 보니 신경이 날카로워질 대로 날카로워져 있었다. 바로 그때, 개 짖는 소리가 커지면서 안개 속에서 개가 한마리 불쑥 튀어나왔다. 향기가 안심한 목소리로 말했다.

"후유, 치와와구나."

"신기루도시에 웬 치와와가……."

"쉿!"

철민이가 모두에게 조용히 하라는 신호를 보냈다. 원탁이가 물었다.

"왜 그래?"

"바, 발소리 안 들려?"

"발소리?"

나는 마른침을 삼키고 귀를 기울였다. 그러자 정말 가까이에서 사람 발자국 소리가 들려왔다. 아니, 이곳은 신기루도시니까 혹시 유령? 나는 재빨리 하나님, 예수님, 부처님에게 번갈아 기도했다.

'빨리 이 악몽에서 깨어나게 해 주세요. 이건 꿈이죠? 꿈일 거야. 꿈이어야 해요. 제발…….'

바로 그 순간, 안개 속에서 사람 목소리가 들려왔다.

"어? 너희도 신기루도시에 갇혔니?"

처음에 나는 내 눈을 의심했다.

"어, 너는 강철? 그리고 넌 강민?"

쌍둥이 형제 강철과 강민은 4학년 때 같은 반이었다. 둘은 정말 똑같이 생겨서 나는 솔직히 지금도 누가 강민이고, 누가 강철인지 구분하지 못한다. 강철과 강민이는 제2차 세계 대전을 배경으로 한 영화 속 독일군들을 연상시켰다. 생김새뿐만 아니라 싸움도 잘했다. 아이들은 이 쌍둥이 형제를 두려워했다.

언젠가 한번은 저학년 아이에게 자신들의 가방을 들게 하고 키득거리는 모습을 보았다. 그 뒤로 나는 이 쌍둥이 형제 근처에는 얼씬도 하지 않았다. 1년 동안 같은 반이었지만 이야기를 한 기억이 거의 없다.

여하튼 그 치와와는 강철과 강민의 애완견인 해피였다.

"그럼 너희도?"

강철과 강민은 말없이 심각한 표정으로 고개만 끄덕였다.

"우리 말고 신기루도시에 갇힌 아이들이 또 있니?"

철민이가 손가락으로 턱을 문지르며 탐정처럼 말하자 강철이가 대답했다.

"응. 조금 전에도 몇 명 만났어."

쌍둥이 형제와 유일하게 죽이 잘 맞는 사람이 바로 철민이다. 철민이와 쌍둥이 형제는 힘센 아이들에게는 약하고, 힘없는 아이에게는 강한 스타일이다. 철민이는 어째서인지 이 쌍둥이 형제에게 잘 대해 줬고 쌍둥이 형제도 철민이가 하는 말이라면 잘 따랐다.

"그럼 신기루도시에 갇힌 아이들을 모두 한자리에 불러 모으자."

철민이가 마치 자기가 대장이라도 되는 양 잘난 척을 하며 말했다. 그러자 원탁이가 물었다.

"왜?"

"넌 '뭉치면 살고 흩어지면 죽는다.'는 말도 못 들어 봤냐? 일단 모두 모여서 머리를 맞대고 신기루도시를 빠져나갈 방법을 찾아야지."

"좋은 생각이기는 한데……, 어떻게 아이들을 불러 모으지?"

그때 내 머릿속에 좋은 생각이 번뜩 떠올랐다.

"그래! 신기루도시 주민 센터를 이용하자. 신기루도시는 우리 마을하고 똑같잖아. 오늘 아침에 우리 마을의 주민 센터에서 모두 투표에 참가해 달라며 안내 방송을 했어. 우리 집까지 안내 방송이 똑똑히 들렸거든. 어쩌면 신기루도시의 주민 센터에서도 안내 방송을 할 수 있을지 몰라."

"그래, 준수야! 그거 좋은 방법이다."

향기의 칭찬에 나는 얼굴이 빨개졌다.

신기루도시의 주민 센터는 구름다리에서 얼마 떨어지지 않은 곳에 있었다. 건물 옆 국기 게양대에서 태극기가 펄럭였다. 향기는 마이크를 켜기 전에 목청을 가다듬었다.

"아아, 지금 신기루도시에 갇혀 있는 분들에게 알립니다. 이 방송을 듣는 대로 주민 센터로 모여 주십시오. 신기루도시는 우리가 살던 마을과 똑같이 생겨서 찾기 쉬울 겁니다. 주민 센터는 구름다리 근처에 있습니다. 주민 센터에는 지금 현재 6명이 모여 있습니다. 함께 모여서 이 신기루도시를 빠져나갈 수 있는 방법을 찾아봅시다. 감사합니다. 다시 한 번 알립니다…….”

얼마나 기다렸을까? 조심스럽게 계단을 올라오는 발소리가 들렸다.

"너희도 신기루도시에 갇혔어? 너희도?"

주민 센터로 들어오는 아이들은 대부분 저학년 아이들이었다.

"신기루도시가 너무 진짜처럼 보여서 혹시나 하는 마음에……."

"어, 우리도 그래서 들어왔다가 갇혔는데!"

주민 센터에 모인 아이들이 너도나도 한마디씩 하자 주민 센터는 금방 아수라장으로 변했다. 집에 빨리 돌아가야 한다고 걱정을 하는 아이, 엄마한테 혼날 거라며 발을 동동 구르는 아이, 이제 앞으로 어떻게 해야 하냐며 엉엉 우는 아이…….

철민이는 아이들의 수를 세다 말고 불만을 터트렸다.

"도대체 얼마나 많은 아이가 신기루도시 안에 갇힌 거야?"

신기루도시에 갇힌 아이들은 우리를 합쳐서 정확하게 105명이었다. 그 가운데에는 광수도 있었다. 광수는 우리 학교 최고 문제아다. 말보다 주먹이 앞서서 선생님들도 기피하는 아이였다. 어쨌든 광수를 포함해 고학년 아이들은 12명 정도였고, 나머지는 대부분 저학년 아이들이었다. 아이들은 이미 지칠 대로 지친 표정이었다.

"아, 배고파."

1학년으로 보이는 아이는 땅바닥에 주저앉아 배를 움켜쥐었다. 그러고 보니 우리가 신기루도시에 갇힌 지도 꽤 시간이 흐른 듯했다. 시계를 보자 벌써 저녁 7시가 넘어섰다. 갑자기 시장기가 밀물처럼 밀려왔다.

"으앙, 집에 가고 싶어. 배고파."

"꼬마야, 울지 마. 언니가 빵 줄게."

"정말?"

아이는 눈물을 훔치며 향기를 물끄러미 바라봤다. 향기는 잠시 주위를 둘러보더니 주머니에서 빵을 꺼내 배가 고프다고 칭얼대는 아이에게 주었다. 그 모습을 본 아이들은 벌 떼처럼 향기에게 달려들었다.

"언니, 저도 빵 주세요."

"누나, 나도 배고파요."

아이들은 너도나도 향기에게 손을 내밀며 졸라 댔다. 향기는 당황해하며 손을 휘휘 내저었다.

"미안, 남은 빵이 하나밖에 없었어. 자자, 모두 진정해."

하지만 아이들은 막무가내로 빵을 달라며 아우성이었다. 그때 원탁이가 슬그머니 밖으로 나가더니 가로등 뒤로 사라졌다.

'왜 저러지?'

나는 불안한 마음에 원탁이의 뒤를 쫓았다. 그런데 이게 웬걸. 원탁이는 가로등 뒤에 쪼그리고 앉아 몰래 초코바를 먹고 있지 않은가.

순간, 배신감이 밀려왔다. "야, 원탁이, 너! 너만 살겠다고……."라는 말이 목구멍까지 올라왔다. 지금까지 원탁이와 나는 뭐든 맛있는 게 있으면 나눠 먹곤 했다. 선생님은 그런 우리에게 콩도 반쪽으로 쪼개서 나눠 먹을 사이라며 칭찬해 주셨다. 그런데 이런 상황에 처하자 원탁이도 결국 자기만 생각하고 있었다.

신기루도시에서 첫날이 어떻게 지나갔는지도 모르겠다.

"덮고 잘 이불이 없어."

"야! 이불은커녕 누울 만한 곳도 없다."

아이들은 너도나도 불평을 늘어놓으며 적당히 누울 만한 곳을 찾았다. 소파에 누워 옷을 덮고 자는 아이, 책상을 붙이고 그 위에 누워 자는 아이, 바닥에 박스를 깔고 앉아 자는 아이……. 주민 센터의 광경은 마치 이재민 대피소를 떠올리게 했다. 나는 너무 피곤해서 주민 센터의 책상에 팔을 베고 엎드린 채 잠이 들었다.

둘째 날 아침이 밝았다. 나는 눈을 뜨자마자 주민 센터의 문을 열고 밖으로 나갔다. 구름다리를 찾아볼 생각이었다. 그러다 향기와 딱 마주쳤다.

"준수야, 어디 가니?"

"어, 나? 구름다리……."

"벌써 확인했어. 없어."

향기는 침울한 표정으로 말했다.

"그럼 이제 어떻게 하지?"

"글쎄……, 구름다리가 다시 나타날때까지 일단 신기루도시에서 살아갈 방법을 찾아봐야 하지 않을까?"

잠시 뒤, 우리는 아이들을 모두 불러 모았다.

"얘들아, 일단 신기루도시에 음식과 담요가 있는지 찾아보자."

우리는 흩어져서 각자 집으로 가 보기로 했다. 나는 두근거리는 마음으로 우리 집 대문을 열었다. 마치 금방이라도 문이 열리고 엄마 아빠가 나를 반갑게 맞아 주실 것만 같았다.

하지만 집은 텅 비어 있었다. 가구도, 냉장고도, 가전제품도……. 정말 아무것도 없었다. 심지어 벽지와 장판도 없었다. 한마디로 신기루도시 속의 우리 집은 껍데기에 불과했다.

나는 문을 닫고 나오면서도 한 가닥 희망을 놓지 않고 있었다.

'우리 집만 이렇겠지?'

하지만 그 희망은 곧 절망으로 바뀌었다.

"집에 아무것도 없어."

"어, 너희 집도 그러니? 우리 집도……."

주민 센터로 돌아온 아이들은 너 나 할 것 없이 한숨을 쉬며 머리를 절레절레 흔들었다.

"그럼 이제 어떻게 하지?"

"다른 건물을 뒤져 보자."

"다른 건물이라고 해서 뭐 다를까?"

"다를 거야."

향기가 강한 자신감을 보이며 말했다. 그러자 철민이가 물었다.

"무슨 근거로?"

"우리 주위를 둘러봐. 너희도 알다시피 일반 가정집에는 벽지와 장판도 없었어. 하지만 주민 센터에는 이렇게 거의 갖추어져 있잖아."

"아, 그렇지. 왜 그 생각을 하지 못했지."

나는 손으로 이마를 딱 때리며 자리에서 벌떡 일어났다.

"그래, 향기 말이 맞아. 모두 흩어져서 다시 한 번 음식과 담요가 있을 만한 곳을 찾아보자."

"난 식당을 뒤져 볼게."

원탁이의 말에 쌍둥이 형제가 말했다.

"관둬라. 우리가 돌아오는 길에 벌써 다 확인해 봤다. 분식집, 빵집, 돈가스집 , 피자집……, 몽땅 텅텅 비었다."

"정말?"

쌍둥이 형제는 똑같이 팔짱을 낀 채 심각한 표정으로 가볍게 고개를 끄덕였다. 곳곳에서 아이들의 탄식이 이어졌다.

"하지만 아직 실망하기는 일러. 우리 마을에 음식이 있을 만한 곳이 또 어디 있을까? 그래! 전통 시장에 가면……."

향기의 말을 자르며 철민이가 굳은 목소리로 말했다.

"거기도 이미 가 봤어. 건물 말고는 아무것도 없더라."

향기는 잠시 당황한 표정을 지었다가 말했다.

"한마음마트는? 거기도 가 봤어?"

아무도 대답이 없었다. 쌍둥이 형제도 고개를 가로저었다.

"아니, 거긴 안 가 봤는데."

"가 봤자 소용없을 거야."

"그래도 확인은 해 봐야지. 혹시 알아?"

향기가 앞장서자 아이들이 우르르 따라나섰다.

우리는 안개를 헤치고 한마음마트가 있는 골목을 찾아 나섰다. 안개 때문에 길을 몇 번 잘못 들었지만 곧 한마음마트를 찾아냈다. 한마음마트는 주민 센터 반대편에 있었다. 주민 센터에서 걸어서 약 30분 정도 떨어진 거리다.

"어, 얘들아. 한마음마트에 불이 켜 있는데."

원탁이의 말에 향기가 맞장구를 쳤다.

"정말! 그러고 보니 주민 센터에도 불이 켜 있었어. 혹시 불이 켜 있는 곳에는 물건들이 그대로 남아 있는 게 아닐까?"

나는 향기의 추측이 사실이기를 간절히 바랐다. 그리고 그 바람은 곧 현실이 되었다.

"우아, 있다 있어! 한마음마트에는 음식이 있어."

원탁이가 펄쩍펄쩍 뛰며 한마음마트 안으로 들어갔다. 그 뒤로 나머지 아이들도 뛰어 들어갔다. 신기루도시의 한마음마트는 진짜 우리 마을의 한마음마트와 다를 바 없었다. 과일, 물, 과자, 고기 등등 없는 게 없었다.

"비켜! 비켜!"

아이들은 먼저 음식을 차지하려고 서로 밀쳐 댔다.

"차례를 지켜야지."

"야! 넌 물 한 병만 챙겨야지."

"그런 게 어디 있냐? 먼저 잡는 사람이 임자지."

과자를 가방과 호주머니 안에 잔뜩 넣는 아이들도 있었다.

"신기루도시에서는 무슨 일이 벌어질지 몰라. 일단 많이 챙겨 놓는 게 장땡이지, 뭐."

아이들은 저마다 음식물을 챙기느라 제정신이 아니었다. 바로 그때였다.

"이건 내 담요라고 했지?"

광수였다!

"저리 안 가? 이걸 그냥 확!"

광수는 저학년 아이를 발로 차서 넘어뜨리고 담요를 빼앗았다. 신기루도시는 원래 우리가 살던 세계보다 훨씬 날씨가 쌀쌀해서 밤에 잘 때는 담요가 꼭 필요하다.

"이 냉장고는 왜 잠겨 있어?"

광수는 유리로 된 냉장고 문이 열리지 않자 야구 방망이를 들어 냉장고 문을 내리쳤다.

"와장창!"

냉장고 유리문이 깨지는 소리에 아이들은 모두 깜짝 놀라며 동작을 멈췄다.

"흐흐. 이건 다 내 거다. 너희, 내 거 넘보기만 해 봐. 가만 안 둬."

광수가 무서운 얼굴로 아이들을 노려보며 말했다.

"야! 거기 꼬맹이들 이리 와 봐!"

"왜요?"

저학년 아이들은 눈을 동그랗게 뜨고 광수를 바라봤다.

"그만큼 챙겼으면 됐지. 뭘 더 챙기려고 그래? 이제 그만 나가고 내일 다시 와."

"내일요?"

"그래, 마트의 물건이 어디 가겠냐? 내일 다시 와서 가져가면 되잖아. 알았어?"

"네······."

광수는 반 강제로 아이들의 등을 떠밀었다. 광수와 함께 몰려다니는 몇몇 고학년 아이는 한마음마트의 문을 반쯤 닫고 입구에 버티고 섰다.

"준수, 원탁이, 철민이, 향기! 너희도 이제 그만 나가라."

광수는 날카로운 눈으로 우리를 바라보며 말했다. 나는 주먹을 불끈 쥐었다가 풀었다. 마음 같아서는 "여기가 너희 집 안방인 줄 알아? 왜 네 멋대로 행동하고 그래? 나한테 한 번 혼나 봐야 정신을 차리겠어?" 하고 광수와 그 패거리를 마트 밖으로 쫓아 버리고 싶었지만 현실은 그렇게 만만하지 않았다.

나는 어깨를 축 늘어뜨린 채 문 쪽으로 향했다. 문 앞에 서 있던 철민이와 원탁이 역시 마찬가지였다. 향기는 씩씩거리며 광수를 노려보았다.

"힘으로 저학년 아이들을 제압하다니! 부끄러운 줄 알아라."

"오, 향기가 화가 났나 보네. 그런데 향기야, 여기는 네가 회장 노릇 하는 학교 교실이 아니야."

"맞아, 여기서는 힘이 있는 사람이 음식을 더 많이 차지하는 건 당연해. 안 그래?"

"옳소!"

광수의 말에 그 패거리가 맞장구를 쳤다.

결국 우리는 한마음마트에서 거의 쫓겨나다시피 해서 나왔다. 그러자 광수 패거리가 열쇠로 마트 문을 잠가 버렸다. 그 모습은 마치 마트를 점령한 점령군처럼 보였다.

할 수 없이 우리는 다른 곳을 또 찾아보기로 했다.

"한마음마트 말고 다른 마트들도 있잖아."

"그래, 그곳에도 음식이 있겠지."

"맞아."

우리는 저학년 아이들을 이끌고 음식이 있을 만한 곳을 찾아다녔다. 하지만 결과는 절망적이었다. 원탁이가 고개를 절레절레 흔들며 말했다.

"없어, 없다고. 한마음마트 말고는 아무 데도 음식이 없어. 모두 불이 꺼져 있어."

향기가 고개를 갸웃했다.

"왜 하필 한마음마트에만 음식이 있을까?"

"글쎄……, 그걸 누가 알겠어. 지금 그게 중요한 게 아니잖아."

원탁이의 말에 철민이가 맞장구를 쳤다.

"맞아, 중요한 건 한마음마트에만 음식이 있는 이유가 아니고, 한마음마트를 광수 패거리가 차지했다는 사실이지."

그 뒤로 한마음마트를 점령한 광수 패거리의 행패는 눈 뜨고 봐 줄 수 없는 정도였다.

"야, 너희는 빵 하나씩만 먹어."

"왜요? 형들은 서너 개씩 먹잖아요."

"우리는 덩치가 크잖아! 너희는 작으니까 하나만 먹어도 충분해."

"하지만 배가 고픈데……."

"그럼 너희보다 덩치가 작은 아이들 빵을 빼앗아 먹으면 되잖아?"

그날 저녁, 3학년 아이가 1학년 아이의 빵을 빼앗아 먹는 바람에 주민 센터가 또 한 번 발칵 뒤집어졌다.

"야! 너 제정신이니? 너보다 어린 애의 빵을 빼앗아 먹어?"

향기는 펄쩍펄쩍 뛰며 화를 냈다.

"미안해요, 누나! 너무 배가 고파서 그만……."

음식만이 문제가 아니었다. 밤에 덮고 잘 담요도 부족했다. 우리가 가지고 있는 담요는 200여 장밖에 안 되었다. 모두가 공평하게 나누려면 한 사람당 담요 2장씩 가지면 된다. 하지만 힘센 고학년 아이들이 담요를 3~4장씩 차지하는 바람에 어리고 힘없는 저학년 아이들은 담요를 1장밖에 덮지 못했다.

그렇게 무질서한 며칠이 지난 어느 날 아침이었다.

"이대로는 안 되겠어. 무슨 대책을 세워야 해. 제멋대로 하는 고학년 아이들 때문에 힘없는 저학년 아이들이 너무 많은 피해를 보고 있어."

향기가 심각한 표정으로 말했다.

"향기 말이 맞아. 우리가 힘을 모아 이 문제를 해결해야 해."

철민이의 말에 원탁이가 되물었다.

"어떻게? 음……, 아무래도 힘으로 해결해야겠지? 우리 넷이 광수 패거리를 이길 수 있을까?"

"쯧쯧, 원탁아. 제발 머리 좀 써라. 이게 힘으로 해결될 문제냐?"

"그럼?"

"원탁아, 넌 지금 우리가 이렇게 싸우는 근본적인 이유가 뭐라고 생각하니?"

"글쎄……."

"하긴 물어본 내가 잘못이지. 그건 바로 질서가 전혀 잡혀 있지 않아서야."

"질서?"

"그래, 우리가 살던 원래 세계에서는 이런 문제로 거의 싸우지 않잖아? 질서가 잘 잡혀 있기 때문이지."

철민이와 원탁이의 대화를 듣던 나는 문득 한 가지 궁금증이 생겼다.

"맞아! 그랬지. 그런데 원래 세계에서는 왜 질서가 잘 지켜질까?"

내 말을 들은 철민이는 가소롭다는 듯이 내 얼굴을 한 번 힐끔 쳐다보며 혀를 찼다.

"쯧쯧, 준수야. 넌 그것도 모르냐?"

나는 자존심이 상해서 아무 대꾸도 하지 않고 입을 꾹 다물었다.

"이유는 바로 정치야, 정치"

"뭐, 정치?"

원탁이와 나는 약속이라도 한 듯 똑같이 말꼬리를 높였다. 그러자 향기가 나섰다.

"그래, 정치! 철민이의 말이 맞아. 정치는 사람들 사이에서 일어나는 갈등을 조정하고, 질서를 유지해 주는 역할을 하잖아. 만약 정치가 없다고 생각해 봐. 그렇게 되면 힘센 사람들이 판을 치는 세상이 되겠지. 그렇게 되지 않으려면 정치가 필요해. 정치는 모든 사람이 공평하게 잘살 수 있게 질서를 잡아 주니까."

나는 정치를 잘 모르지만 향기의 말은 분명 일리가 있었다. 향기는 계속 말을 이었다.

"내 생각에는 신기루도시에도 정치가 필요해."

원탁이가 물었다.

"왜?"

"왜라니? 방금 다 얘기했잖아. 요 며칠 동안 우리가 겪은 일을 생각해 봐. 왜 힘 있는 아이들만 음식을 많이 먹고, 담요를 3~4장씩 덮는다고 생각하니? 왜 힘없는 아이들이 굶주리고, 담요를 1장밖에 못 덮을까? 바로 정치가 없어서 그래."

향기의 말에 철민이가 맞장구를 쳤다.

"그래서 우리도 정치를 해야 해. 정치를 하면 여러 문제와 갈등을 해결하고 질서를 바로잡을 수 있어."

하긴, 우리가 모두 착해서 상대방을 먼저 배려한다면 아무 문제없이 잘살 수 있겠지. 하지만 우리는 남보다 나를 먼저 생각하는 이기심이 있고, 우리가 가진 음식과 담요는 제한되어 있다. 음식은 한마음마트에 있는 게 전부다. 언젠가 다 떨어질 테고, 담요 역시 매우 부족하다. 이처럼 우리가 먹고 마실 음식과 물, 그리고 날마다 덮어야 하는 담요 등 자원이 부족하기 때문에 서로 경쟁이 생길 수밖에 없다. 향기가 말한대로 이러한 갈등을 해결해 줄 수 있다면 신기루도시에 정치가 필요하겠다는 생각이 들었다.

"철민아, 그렇지만 우리가 정치를 어떻게 해? 정치는 어른들이 하는 거잖아?"

원탁이가 머리를 긁적이며 말했다.

"얘들아, 나만 믿어. 내가 정치를 좀 잘 알거든."

"정말?"

"그럼, 정치 그거 별거 아니야. 우리 아빠가 국회의원이잖아."

철민이는 벌써 자기가 진짜 정치인이 된 양 으스댔다.

정치는 원래 사람들을 행복하게 하는 일이야

다음 날 아침, 철민이는 확성기를 들고 아이들을 불러 모았다.

"아아, 얘들아. 잠시 주민 센터 회의실로 모여 봐!"

우리는 그동안 주민 센터를 본부로 두고 임시 대피소를 거주지로, 주민 센터 사무실을 상황실로 쓰고 있었다.

잠시 뒤, 여기저기 흩어져 있던 아이들이 하나둘 모여들기 시작했다. 아이들은 눈에 띄게 활기를 잃어버린 모습이었다. 아이들은 누가 먼저라고 할 것도 없이 확성기를 손에 들고 있는 철민이를 바라봤다.

"아아! 아아!"

철민이는 확성기를 들고 '아아!'라는 말을 수차례 반복했다. 철민이는 요 며칠 사이에 일어난 불미스러운 일들을 쭉 나열했다. 광수 패거리가 힘으로 한마음마트를 점령한 일, 광수가 저학년 아이에게 폭력을 휘두른 일, 고학년 아이들이 저학년 아이들이 덮고 있는 담요를 빼앗아 간 일 등등. 듣고 보니 그동안 참 많은 일들이 있었군.

"얘들아, 앞으로도 이와 비슷한 일들이 계속될 텐데 과연 우리는 어떻게 해야 할까?"

아이들은 눈만 말똥말똥 뜬 채 철민이를 바라보았다. 그러자 철민이는 어려운 말을 써 가며 잘난 체를 하기 시작했다. 솔직히 나도 무슨 말인지 다 이해할 수가 없었다.

"인간은 혼자 힘으로 살 수 없어. 특히 이렇게 위험한 상황에 처했을 때는 더욱 그렇지. 여러 사람이 함께 살다 보니 갈등이 생기고……, 서로 싸우는 일이 생기기 마련이야."

철민이는 잠시 목을 가다듬고 말을 이어 나갔다.

"자, 그러면 이런 갈등을 어떻게 해결해 나가야 할까?"

철민이의 질문에 아이들은 너도나도 웅성대기 시작했다. 철민이는 아이들을 쭉 훑어보고 다시 말했다.

"광수 패거리처럼 폭력으로 해결해야 할까?"

아이들은 고개를 가로저었다.

"폭력으로 문제를 해결하려고 하면 약육강식이 지배하는 사회가 될 거야. 그러면 사람이 동물과 뭐가 다르겠어. 폭력을 쓰지 않고 공공의 문제를 해결해 나갈 때 필요한 게 바로 정치야."

철민이의 연설은 교장 선생님의 연설과 비슷한 방향으로 흘러가고 있었다. 지루한 철민이의 연설을 듣는 아이는 아무도 없어 보였다. 아이들은 빨리 연설이 끝나기만을 기다리는 눈치였다. 하지만 철민이는 전혀 아랑곳하지 않고 연설을 이어 나갔다.

"그러니까 정치는 폭력과 정반대되는 개념이라고 할 수 있어. 저마다 생각이 다를 때 그 생각을 조정해 주는 역할을 바로 정치가 해. 난 우리 아빠처럼 정치가가 되는 게 꿈이야. 게다가 난 학교에서 전교 학생 회장을 맡고 있어. 내 생각에는 내가 바로 신기루도시에 갇힌 우리 모두를 잘 이끌어 갈 수 있는 사람이라고 생각해. 너희 생각은 어떠니?"

철민이의 말에 아이들 대부분이 고개를 끄덕였다. 하지만 불안해하는 아이들도 있었다.

"우리가 정치를 한다고 하면 광수 형이 가만히 있을까?"

"내 생각에는 엄청 화를 낼 것 같은데."

"이러다 더 큰일이 벌어지면 어떡해?"

아이들이 웅성거리는 소리는 점점 커져 갔다.

"난 솔직히 철민이 형이 뭐라고 하는지 하나도 못 알아듣겠어."

"나도 그래. 정치를 하면 이 모든 문제가 잘 해결된다는 얘기야?"

그러자 곁에서 듣고 있던 원탁이가 나섰다.

"얘들아, 철민이가 하는 얘기는 우리가 힘을 합쳐서 광수 패거리와 맞서자는 거잖아. 뭘 그렇게 복잡하게 생각해? 그럼 너희! 이대로 당하고만 있을래?"

"그, 그건 아니지만······."

"그럼 됐네. 뭐 또 불만 있냐?"

"아니요. 저희도 사실 광수 형 패거리와 맞서서 이길 수 있으면 좋겠어요."

철민이가 잘난 체하는 꼴은 보기 싫지만, 누군가는 나서서 신기루도시에 갇힌 아이들을 이끌어 나가야 한다. 이 혼란스러운 상황을 그대로 놔둘 수는 없으니까. 철민이는 전교 학생 회장이니까 그나마 우리를 잘 이끌어 나갈 수 있겠지. 하지만 아이들 말마따나 광수 패거리가 문제다. 그들이 우리가 결정한 대로 순순히 따를까?

우리가 회의를 하고 있을 무렵, 광수 패거리는 임시 대피소에서 잠을 자고 있었다. 물론 철민이도 광수 패거리를 제압해야 제대로 정치를 할 수 있다는 걸 알고 있었다.

"강철아, 강민아! 너희가 날 좀 도와줘야겠다."

철민이의 말에 쌍둥이 형제가 기다렸다는 듯 선뜻 나섰다.

"물론이지, 우리만 믿어."

쌍둥이 형제는 주먹을 쥐고 우두둑 하는 소리를 냈다. 우리 학교에서 광수를 상대할 수 있는 아이들은 이 쌍둥이 형제뿐이다.

"나도 도울게."

원탁이도 팔을 걷어붙이고 나섰다. 나와 향기를 비롯한 고학년 아이들 몇 명과 덩치가 큰 저학년 아이들 스무 명 정도가 철민이를 따랐다.

광수 패거리는 여전히 임시 대피소에서 자고 있었다.

"광수야, 일어나 봐라."

"뭐야?"

광수가 졸린 눈을 부라리며 철민이를 노려봤다.

"한마음마트 열쇠를 내게 넘겨라."

"뭘 넘기라고?"

"이제부터는 내가 이 신기루도시를 이끌며 정치를 할 거야. 그러니까 어서 한마음마트 열쇠를 내게 넘겨."

"정치? 싫다면 어쩔래?"

광수가 철민이와 철민이 뒤에 서 있는 아이들을 훑어봤다. 철민이 뒤에는 쌍둥이 형제와 원탁이가 섰고, 그 뒤에 나와 다른 아이들이 팔짱을 낀 채 서서 광수 패거리를 쏘아보았다. 광수는 자리에서 벌떡 일어나 턱을 치켜들고 철민이 앞으로 다가왔다. 당장이라도 무슨 큰일이 벌어질 분위기였다.

"싫다면 우리도 무력을 행사할 수밖에 없지."

철민이는 한 발자국도 물러서지 않고 맞섰다. 마치 권투 선수들이 경기를 시작하기 전에 서로 눈싸움을 하는 장면을 보는 듯했다.

광수 패거리는 쌍둥이 형제와 아이들의 기세에 눌려 가까이 다가오지 못했다. 그 모습에 광수도 움찔하는 눈치였다. 하긴, 제아무리 힘이 세도 스무 명이 넘는 아이들을 상대할 수는 없는 일이었다.

"나 원 참! 살다 보니 별일 다 있네. 쳇, 여기 있다. 한마음마트 열쇠."

광수는 한마음마트 열쇠를 철민이에게 넘기고 불량하게 바닥에 침을 탁 뱉었다.

"흐흐, 하지만 난 네 말 따위 따를 생각이 없는데 어쩌지?"

건들대며 사라지는 광수의 뒷모습을 보고 있자니 영 기분이 개운치 않았다. 어쨌건 철민이와 우리도 광수 패거리를 힘으로 몰아낸 게 아닌가? 왠지 이건 아니라는 생각이 들었다.

그날 오후부터 철민이를 중심으로 하는 정치가 본격적으로 시작되었다. 철민이는 아이들을 모아 놓고 또 일장 연설을 늘어놓았다.

"아아, 얘들아! 잘 들어. 이제부터 원탁이가 한마음마트 관리를 하기로 했으니까 그렇게들 알아. 원탁이는 아이들과 조를 짜서 하루에 한 번씩 한마음마트에서 음식을 가져오도록 해. 식사 때마다 아이들 모두에게 똑같은 양의 음식을 나눠 주는 것도 잊지 말고. 우리에게는 한마음마트에 있는 음식이 전부니까 아끼지 않으면 안 돼."

"걱정하지 마. 철민아! 내가 이런 일을 아주 잘하거든."

원탁이는 온갖 아부를 떨며 한마음마트 열쇠를 넘겨받았다.

"와, 이제부터 공평하게 음식을 배급받을 수 있겠구나."

아이들 대부분이 자기들끼리 하이파이브를 하며 좋아했다.

그다음 날 아침이었다. 아이들은 식당에서 각자의 몫으로 주어진 음식을 배급받았다. 음식을 먹은 아이들이 돌아가자 철민이가 원탁이에게 말했다.

"원탁아, 식당 문 닫아라."

"왜?"

"왜긴 왜야? 내가 리더가 됐으니까 파티를 해야 하잖아."

"파티……, 어떻게?"

"그야 한마음마트에서 가져오면 되지."

"하, 하지만 마트의 물건은 모두 우리의 공동 소유잖아. 함부로……."

"야, 신기루도시에 갇힌 아이들을 이끄는 사람이 누구냐?"

"너지."

"그럼 잔말하지 말고 시키는 대로 해."

그날 철민이와 쌍둥이 형제, 원탁이는 식당 문을 잠근 채 음료수며 과자를 잔뜩 쌓아 놓고 마음껏 먹었다.

"캬, 콜라 정말 오랜만에 마셔 본다."

"철민아, 나도 한 모금만 마셔 보자."

"과자가 완전히 꿀맛이네."

그러면서 쌍둥이 형제와 원탁이는 철민이에게 "축하한다." "네가 우리의 리더야."라는 말을 연발했다.

그때 철민이가 원탁이에게 아주 뜻밖의 말을 했다.

"원탁아, 오늘 저녁에는 광수에게 초콜릿 하나 몰래 건네줘."

"왜?"

"녀석이 좀 괴팍스럽잖아. 잘 구슬려서 문제를 안 일으키게 해야지. 솔직히 그 녀석이 나한테 맞서면 좀 곤란하거든."

"하지만……."

"왜 그런 표정으로 보니? 좋은 게 좋은 거지 뭐. 그냥 저녁 먹을 때 애들 모르게 슬쩍 줘. 그럼 돼. 할 수 있지?"

원탁이는 마른침을 삼키며 고개를 끄덕였다.

그날 저녁, 원탁이는 눈치를 힐끔힐끔 보며 광수에게 넌지시 말을 건넸다.

"광수야, 이거 받아."

"이게 뭐냐?"

광수가 묻자 원탁이가 주위를 둘러보며 말했다.

"쉿! 얼른 챙겨 둬. 철민이가 너한테 주는 선물이야."

광수는 불량스러운 웃음을 지으며 초콜릿을 얼른 받아 호주머니 속에 넣었다.

나는 나중에서야 원탁이에게 이 모든 이야기를 들었다. 정말 얼마나 어이없던지!

원래 세계에서 일부 정치인들은 뇌물을 받기도 하고, 자기 권력을 유지하려고 힘 있는 사람들에게 뇌물을 주기도 한다. 철민이와 아이들은 이렇게 우리가 살던 원래 세계의 몰지각한 정치인들을 그대로 따라 행동하고 있었다.

그러던 어느 날이었다. 갑자기 밖이 어두워지더니 하늘에 구멍이라도 났는지 비가 억수로 퍼부었다. 바람은 또 어찌나 세게 불던지 누가 유리창을 붙잡고 앞뒤로 마구 흔들어 대는 듯했다. 나는 불안한 마음에 잠을 잘 수가 없었다.

"와장창!"

급기야 새벽에는 아이들이 잠자고 있는 임시 대피소의 유리창이 깨지고, 빗물이 안으로 들이치기 시작했다.

"강철아, 강민아, 애들 다 깨워!"

철민이가 짜증스런 얼굴로 쌍둥이 형제에게 말했다.

"일단 깨진 창문 유리조각부터 치워야겠어. 민우와 채현이가 깨진 유리조각 좀 주워 담아라."

민우와 채현이는 깨진 창문 근처에서 자던 아이들이다.

"철민아, 민우와 채현이는 아직 어리잖아. 그런 일은 고학년 아이들을 시키는 게 좋지 않을까?"

향기가 철민이에게 말했다. 하지만 철민이는 향기의 말을 들은 척도 하지 않았다.

"뭣들 하는 거야. 왜 멀뚱하게 보고만 있어? 얼른 안 치워?"

철민이가 화를 내자 민우와 채현이는 엉거주춤한 자세로 깨진 유리조각을 치우기 시작했다. 하는 수 없이 향기가 아이들과 함께 깨진 유리조각을 주웠다.

"얘들아, 손이 베지 않게 조심해야 해."

"네."

민우와 채현이는 조심조심 깨진 유리조각을 주우며 피곤한 얼굴로 향기를 바라보았다.

"누가 밖으로 나가서 깨진 유리창을 막아야겠는데……."

철민이는 아이들을 쭉 둘러보았다.

"그래, 광호와 도연이가 나가서 합판으로 유리창을 막아라."

광호와 도연이도 저학년 남자아이들이었다.

"애들아, 나랑 함께 나가자."

나도 보고만 있을 수가 없어 합판을 들고 앞장섰다. 광호와 도연이가 내 뒤를 따라 나왔다.

"뭘 해? 나머지는 마루를 닦아."

철민이는 아무 일도 하지 않고 아이들에게 고래고래 고함만 질렀다. 아이들은 마루를 닦으면서 불만 가득한 표정을 지었다. 다행히 나와 아이들이 기를 쓰고 합판으로 깨진 유리창을 막아서 비가 더 들이치지 않았다. 그날 밤은 그렇게 넘어갔다.

그다음 날 아침, 주민 센터가 폭풍우로 큰 피해를 입은 사실이 알려졌다.

"철민아, 지난밤 폭풍우 때문에 주민 센터 여기저기가 망가졌어."

쌍둥이 형제가 말하자 철민이가 손으로 이마를 감싸 쥐었다.

"얼마나?"

"글쎄, 곳곳에 유리창이 일곱 개나 깨졌어."

"뭐? 그럼 밤에 상당히 추울 텐데……."

"일단 빨리 복구를 해야겠어."

철민이는 아이들을 3층 회의실로 불러 모았다.

"너희도 알다시피 폭풍우 피해가 커서 복구를 해야 해."

아이들은 아무 말 없이 철민이의 말을 들었다.

"지금부터 내가 작업 지시를 내릴 테니까 모두 열심히 일하기 바란다."

철민이는 명령조로 아이들에게 작업 지시를 내렸다.

"자자, 빨리 자기가 맡은 일을 시작해. 오늘 저녁에 각자 임무를 완수했는지 확인해 볼 거야."

철민이는 거만한 얼굴로 아이들을 한 번 쭉 훑어보더니 주민 센터 상황실로 올라가 버렸다. 온종일 아이들이 힘겹게 주민 센터를 복구하는 동안에도 철민이는 코빼기도 비치지 않았다.

저녁때가 되자 참다못한 향기가 상황실 문을 박차고 들어가 철민이에게 불같이 화를 냈다.

"철민아, 너 지금 네가 잘하고 있다고 생각해?"

"뭘?"

철민이는 책상 위에 다리를 올려놓은 채 몸을 한껏 뒤로 젖혔다. 그 모습은 마치 독재자를 연상시켰다. 철민이 옆에는 언제나처럼 쌍둥이

형제가 팔짱을 끼고 서 있었다. 원탁이는 그 옆에서 눈치를 슬슬 보며 만화책을 보았다.

"왜 저학년 아이들한테만 힘든 일을 시켜? 광수 패거리가 힘이 세니까 가장 힘든 일을 맡겨야 하잖아. 그런데 뭐? 광수는 아이들이 작업을 잘하는지 감시하는 일을 하라고? 그게 지금 말이 되니?"

그러자 철민이는 골치가 아프다는 듯 고개를 빙빙 돌리며 말했다.

"향기야, 누군가는 아이들을 감시해야 하잖아? 그리고 광수가 감시를 하면 아이들이 작업을 더 잘하지 않겠어?"

향기는 콧방귀를 뀌었다.

"흥! 너 그게 지금 말이 되는 소리라고 생각해? 강철이와 강민이, 원탁이는 왜 아무 일도 안 시키는데? 원탁이 너 지금 만화책이나 보고 있을 때야?"

"그거야 쟤들은 나를 보좌해서 정치를 해야 하잖아."

"정치?"

향기는 어이가 없다는 듯 쓴웃음을 지었다.

"철민아, 도대체 네가 생각하는 정치가 뭐니?"

"그야 신기루도시의 질서를 유지하는 일이지."

"그래, 잘 알고 있구나. 질서를 바로잡아서 신기루도시에 있는 아이들이 다 함께 잘 지낼 수 있게 해야 제대로 된 정치잖아."

"그래서 뭐?"

"몰라서 물어? 힘들고 어려운 일을 모두 저학년 아이들에게 시키고, 너희는 뒷짐만 지고 있잖아. 게다가 한마음마트의 음식도 불평등하게 나눠 주고, 너희가 힘만 앞세우는 광수랑 다를 게 뭐가 있냐?"

향기는 씩씩대며 한꺼번에 말을 쏟아부었다. 하지만 철민이는 의자를 빙그르 돌리더니 향기에게 등을 보인 채 말했다.

"할 말 다 했니? 그럼 이제 나가 봐."

향기는 상황실 문을 나와서도 한참 동안 분을 참지 못했다. 반면 철민이는 창밖을 내다보며 중얼거렸다.

'흠. 정치는 참 좋은 거야. 내 마음대로 할 수 있으니까…….'

철민이의 횡포는 갈수록 그 정도가 심해졌다. 철민이는 자기와 친한 아이들에게는 잘해 주고, 그렇지 않은 아이들에게는 불이익을 주곤 했다. 게다가 조금이라도 눈에 거슬리는 행동을 하는 아이들은 힘으로 누르려고 했다.

그러다 철민이와 내가 결정적으로 부딪히는 일이 생겼다. 바로 보초 순번 때문이었다. 언제 구름다리가 나타날지 모르기 때문에 우리는 신기루도시에 갇힌 다음 날부터 2시간마다 돌아가며 24시간 내내 주민 센터 옆 국기 게양대에서 보초를 섰다. 하지만 가끔가다 보초를 서지 못할 사정이 생기는 아이들이 있었다.

"형, 저 오늘 몸이 좀 아픈데 내일 보초를 서면 안 될까요?"

재석이는 신기루도시에 갇힌 날부터 몸이 아파 골골하던 아이였다. 그러다 지난번에 비를 맞는 바람에 감기에 걸려 있었다. 신기루도시에는 마땅한 약이 없어서 그저 푹 쉬는 수밖에 딱히 방법이 없었다.

"안 돼. 너만 열외시켜 줄 수 없어."

"하지만……."

"안 된다고 했잖아. 빨리 나가서 보초를 서."

재석이는 주저하다가 마지못해 상황실 문을 열고 나갔다.

"강철아, 강민아. 저 녀석 좀 잘 지켜봐."

철민이는 쌍둥이 형제에게 명령조로 말하고 원탁이와 오목을 두기 시작했다.

"재석이, 너 혼 좀 나야겠다!"

그때 난 보초를 서려고 국기 게양대 쪽으로 걸어가고 있었다. 그런데 쌍둥이 형제가 재석이를 벽으로 몰아붙이며 윽박지르는 모습이 보였다.

"보초 똑바로 서라고 했지?"

강철이는 재석이의 머리를 쥐어박으며 무서운 표정을 지었다. 재석이는 그야말로 고양이 앞의 생쥐 꼴이었다.

"죄, 죄송해요. 형. 몸이 너무 아파서."

"그렇다고 벽에 기대서 잠을 자? 야, 신기루도시에 갇힌 아이들 가운데 몸이 안 아픈 애가 어디 있어? 나도 지금 온몸이 쑤신다."

강민이가 재석이의 귀를 잡아당기는 바람에 재석이의 귀가 빨갛게 달아올랐다. 나는 사실 그때까지만 해도 모든 문제에서 한 발자국 뒤로 물러나 있었다. '철민이가 알아서 잘 하겠지.'라는 생각도 있었고, '내가 나서서 뭘 할 수 있겠어?'라는 생각도 있었다. 그래서 나는 줄곧 철민이가 하는 일을 그냥 못 본 척했다. 하지만 재석이가 쌍둥이 형제에게 당하는 모습을 보자 나도 모르게 나서고 말았다.

"야, 너희 왜 그래?"

"준수, 넌 나서지 마라."

쌍둥이 형제는 나를 쳐다보며 눈을 부라렸다. 하지만 나는 물러서지 않았다.

"재석이가 무슨 잘못이라도 했냐?"

"엄청난 잘못을 했지. 의무를 지키지 않았거든."

"무슨 의무?"

"보초를 서다 잠을 잤어. 이런 녀석은 혼을 내 줘야 해."

쌍둥이 형제는 당장이라도 주먹으로 재석이를 칠 듯 위협했다.

"무슨 이유가 있겠지."

"이유는 무슨 이유. 다 꾀병이야."

"지금 우리는 신기루도시의 **질서를 유지하는 임무**를 수행하고 있어. 방해하지 마!"

나는 재석이의 이마를 손으로 짚어 보았다. 어찌나 열이 심한지 그야말로 이마가 펄펄 끓었다.

"야, 너희 재석이 몸에서 열나는 거 안 보여? 보초도 중요하고 의무도 중요하지만 이렇게 아플 때에는 보초를 바꿔 주든가 해야 하잖아!"

정치와 친해지기

*공권력

국가가 국민에게 명령하고 강제할 수 있는 힘을 공권력이라고 해요. 국가는 공권력을 앞세워 사회 질서를 지키고, 국민들이 법을 따르도록 해요. 만약 법을 어겼을 경우에는 그에 상응하는 처벌을 할 수 있어요. 하지만 공권력을 함부로 남용하면 안 돼요. 그래서 민주주의 국가에서는 어떤 한 사람이나 기관에 모든 권력을 몰아주지 않아요.

내 뒤에 서 있던 아이들이 내 말을 듣고 한마디씩 거들었다.

"맞아, 준수 오빠의 말이 옳아."

"준수 형! 힘내요."

그러자 쌍둥이 형제는 서로 눈치를 힐끔 보더니 한 발짝 뒤로 물러섰다.

"흥! 이번에는 그냥 넘어가지만 다음번에는 어림도 없을 줄 알아."

쌍둥이 형제는 재석이에게 다시 한 번 으름장을 놓고는 내 어깨를 거칠게 툭 치곤 자리를 떠났다. 그 순간, 내 마음속에 작은 변화가 일었다.

'뭔가 잘못됐어. 내가 원래 세계의 정치인들 때문에 정치를 싫어하기는 하지만 이렇게 계속 뒷짐만 지고 있어도 될까? 이렇게 내 일이 아닌 척, 아무 상관없는 척 철민이가 하는 대로 내버려 두어도 정말 괜찮을까?'

그날 저녁 식사 때였다. 원탁이가 나를 부르더니 초콜릿을 내밀었다.

"준수야, 이거."

"웬 초콜릿이야?"

"에이, 알면서 뭘 물어보니? 내가 한마음마트를 담당하고 있잖아."

"그래서?"

"그래서 뭐, 내가 필요한 물건을 적당히 빼돌리는 거지."

"원탁아."

나는 원탁이에게 심각한 표정으로 말했다.

"철민이는 지금 정치를 잘못하고 있어. 철민이가 말한 대로 신기루도시에도 정치가 필요해. 하지만 정치를 하려면 잘해야지. 원탁이 너까지 왜 나쁜 일을 하고 그러니?"

"알았어. 안 빼돌리면 되잖아."

하지만 원탁이는 내 말을 귀담아 듣지 않았다. 가장 친한 친구였던 원탁이가 권력을 이용해 부정부패를 일삼는 아이로 변해 가고 있었다.

나는 식당에서 음식을 먹고 있는 철민이 앞에 앉으며 말했다.

"철민아, 리더는 모든 사람에게 공정해야 하지 않니?"

내 말에 철민이는 약간 당황한 표정을 지었다. 하지만 곧 뻔뻔한 얼굴을 하고 이렇게 말했다.

"왜 내가 뭐? 난 신기루도시에 갇힌 모든 아이를 위해 공정하게 정치를 하고 있어. 정치를 하기가 어디 쉬운 줄 아냐?"

철민이는 한심하다는 표정으로 나를 쳐다보았다. 그러더니 자리에서 일어나 귀찮다는 듯 식당 밖으로 나가 버렸다.

"뭐, 저런 뻔뻔한 녀석!"

내가 자리를 박차고 일어서려고 하자 향기가 내 팔을 붙잡았다.

"준수야, 참아!"

식당에는 많은 아이가 내가 철민이와 아옹다옹하는 모습을 지켜보고 있었다. 곧 여기저기서 불만이 터져 나왔다.

"이건 정말 너무하지 않아?"

"도저히 못 참겠네. 철민이 형은 정치를 해서 질서를 바로잡는다고 해 놓고, 자기 마음대로 하기만 해. 힘없는 우리는 날마다 불이익만 당하고 있다고."

"맞아, 이대로 가만히 있으면 안 되겠어."

하지만 모든 아이가 똑같이 생각하지는 않았다. 그 가운데에는 나 몰라라 모른 척하는 아이들도 적지 않았다.

"난 별 관심 없어. 광수 형이나 철민이 형이나 똑같잖아. 누가 리더를 하든 똑같아. 아예 정치 따위에 관심 끊는 편이 현명해."

아이들이 하는 말을 듣고 있자니 가슴이 꽉 막힌 듯 답답해졌다. 불과 얼마 전까지만 해도 나 역시 아이들과 비슷한 생각을 가지고 있었다. 그때 향기가 아이들에게 호통을 쳤다.

"애들아, 너희 정말 왜 그렇게 비겁하니?"

"누나, 우리가 뭐가 비겁해요?"

"우리는 그냥 참견하고 싶지 않을 뿐이에요. 우리가 나서 봐야 뭐가 더 나아지겠어요?"

향기는 표정을 좀 누그러뜨리고 다시 말했다.

"얘들아, 왜 그런 생각을 하니? 너희는 정치가 원래 뭔지 알아?"

아이들이 아무 말도 하지 않자 향기가 천천히 입을 열었다.

"정치는 원래 사람들을 행복하게 하는 일이야. 사람들 사이에 갈등이 생겼을 때 갈등을 부드럽게 조정하고 다 함께 사이좋게 잘살게 하지. 그래서 정치를 잘하면 자연스럽게 모든 사람이 행복해져."

"정치가 사람들을 행복하게 해 준다고요?"

"그래, 정치는 바로 사람들이 행복하게 살 수 있게 돕는 역할을 하거든. 그런데 지금 어떠니? 정치가 제대로 되고 있니? 정치가 우리를 행복하게 해 주냐고?"

아이들은 일제히 고개를 가로저었다.

"그러니까 이럴 때는 우리가 정치를 바로잡아야 해."

"어떻게요?"

"선거를 해야 하지."

"선거요?"

"선거로 공정하게 우리를 이끌어 나갈 리더를 뽑자. 사실 철민이는 선거로 뽑힌 리더가 아니잖아."

곳곳에서 웅성거리는 소리가 들렸다.

"지금까지 너희도 경험해 봐서 알 거야. 정치에 따라 우리의 운명이 결정돼. 누가 어떻게 정치를 하느냐에 따라 불행해질 수도 있고, 행복해질 수도 있지."

나는 향기의 말에 입술을 지그시 깨물었다. 가슴속에서 무언가가 울컥하고 올라왔다. 나는 지금껏 누가 정치를 하든지 그게 그거라고 생각했다. 하지만 이제 더는 철민이와 철민이를 따르는 아이들의 횡포를 두고 볼 수 없다는 생각이 들었다.

'그래! 그동안 나는 너무 비겁했어. 모두 이렇게 나 몰라라 하면 우리는 점점 불행해지고 말거야.'

그때 한 아이가 말했다.

"철민이 형과 쌍둥이 형들이 너무 무서워요. 괜히 나섰다가……."

나는 아이들을 향해 약간 흥분된 목소리로 말했다.

"얘들아, 나는 향기 말이 옳다고 생각해. 솔직히 나도 그동안 너희와 비슷한 생각을 가지고 있었어. 하지만 겁먹고 아무것도 하지 않으면 계속 부당한 대우를 받으며 지내야 해. 난 지금부터 비겁하게 뒤에 숨어 있지 않을 거야. 우리 모두 철민이가 제멋대로 정치를 하도록 내버려 두어선 안 돼."

신기루도시의 리더를 뽑다

우리가 상황실 문을 열고 안으로 들어갔을 때 철민이는 원탁이와 만화책을 보고 있었다.

"무슨 일인데 이렇게 떼로 몰려왔냐?"

철민이가 고개를 들어 우리를 힐끔 쳐다보더니 말했다.

"우리 모두의 의견을 전달하려고 왔어."

나는 내가 낼 수 있는 가장 낮은 목소리로 말했다.

"무슨 의견?"

"우리는 리더를 다시 뽑는 선거를 하려고 해."

"뭐?"

"철민이 넌 광수가 힘을 앞세워 아이들을 괴롭히지 못하게 하려고 리더가 되었어. 하지만 지금 넌 광수와 별 다른 점이 없어. 네가 지금 하고 있는 게 정치라고? 그건 올바른 정치가 아니야. 그래, 그건 너를 위한 정치지. 리더는 모두를 위한 정치를 해야 해. 그래서 우리는 투표로 새로운 리더를 뽑으려고 해."

철민이는 만화책을 탁자 위에 내려놓고 내 얼굴을 물끄러미 쳐다봤다.

"준수야, 넌 누가 나보다 더 정치를 잘할 수 있다고 생각하냐?"

"그거야 두고 보면 알게 되겠지. 그리고 이건 우리 모두의 의견이야. 네가 싫든 좋든 우리는 선거를 통해 다시 리더를 뽑겠어."

그때 쌍둥이 형제가 위협적인 표정으로 다가왔다.

"누구 마음대로! 절대 그렇게는 안 될걸."

쌍둥이 형제의 주먹에서 우두둑 소리가 들렸다. 광수도 쌍둥이 형제 옆에 섰다. 그동안 철민이는 광수를 포섭하려고 보초에서 제외시키고 다른 아이들은 입에도 못 대는 음식들을 거의 저녁마다 광수에게 건네주었다. 그러자 광수도 슬그머니 철민이의 편에 선 것이다.

나는 뒷걸음질을 치지 않으려고 두 발에 힘을 주었다. 등에서 식은땀이 주르르 흘러내렸다.

"준수야, 너 지금 우리한테 맞서냐? 뭘 믿고 그렇게 까부냐?"

광수는 불량스러운 미소를 띠며 내 뺨을 위협하듯 건드렸다.

"이건 우리 모두의 의견이라고 말했을 텐데!"

나는 광수의 가슴을 두 손으로 힘껏 밀었다.

"오호! 이것 봐라?"

옆에서 보고 있던 쌍둥이 형제가 주먹을 매만지며 내게 다가왔다. 바로 그때였다. 향기가 내 옆으로 걸어와 단호한 목소리로 말했다.

"준수 몸에 손끝이라도 대면 우리 모두가 용서하지 않겠어!"

향기의 말을 신호로 아이들이 나를 빙 둘러쌌다.

"신기루도시에는 모두를 위한 정치를 하는 리더가 필요해요."

"우리는 선거를 통해 리더를 뽑을 거예요."

아이들의 기세에 눌린 쌍둥이 형제와 광수는 한 발 뒤로 물러섰다.

"자자, 왜들 이래! 그럼 우리 이렇게 하자고."

철민이는 천천히 자리에서 일어났다.

"선거? 그래, 너희 모두가 원하면 그렇게 하자. 하지만 선거에서 지면 두말하기 없기다."

"그건 우리가 할 말이다."

나는 젖 먹던 힘까지 짜내서 겨우 입을 열었다.

"오, 준수! 이거 다시 봐야겠는걸. 준수가 이런 성격이었던가? 난 네가 정치에 전혀 관심이 없다고 생각했는데."

"……."

나는 철민이의 말에 대답하지 않고 등을 돌렸다.

"선거는 내일 아침 9시부터 시작한다. 이의 없지?"

"물론, 신기루도시에 갇힌 아이들 가운데 나보다 더 정치를 잘할 수 있는 아이가 어디 있겠냐? 선거는 해 보나 마나야."

철민이의 말이 떨어지기 무섭게 쌍둥이 형제와 광수가 한마디씩 했다.

"당연히 철민이가 이기지."

"철민이는 우리 학교 전교 학생 회장이야. 누가 철민이보다 더 정치를 잘할 수 있겠냐?"

"맞아."

쌍둥이 형제와 광수는 자기들끼리 말을 주고받으며 키득거렸다. 원탁이는 멀찌감치 떨어져서 슬금슬금 내 눈치를 보았다.

선거는 약속대로 그다음 날 아침 9시에 시작되었다. 향기가 확성기를 들었다.

"얘들아, 오늘은 우리를 이끌어 나갈 리더를 선거로 뽑을 거야."

아이들은 기대에 부푼 얼굴로 향기를 바라보았다.

"과연 누가 리더가 될까?"

"나는 우리를 잘 이끌어 나갈 수 있는 새로운 사람이 리더가 되면 좋겠어."

"나도!"

아이들은 잠시 웅성거렸지만 곧 향기의 말에 귀를 기울였다.

"우리가 언제까지 이 신기루도시에 갇혀 있을지 모르겠지만 그동안 이곳의 질서를 바로잡고 다 함께 평화롭게 지내려면 우리를 잘 이끌어 나갈 리더가 필요해."

"누나, 우리를 이끌어 나갈 리더를 몇 명이나 뽑아야 해요?"

늘 빨간색 야구 모자를 쓰고 다니는 민기가 물었다. 민기는 저학년이지만 정치에 관심이 많았다. 향기가 되물었다.

"몇 명이나 뽑느냐고?"

"예, 그동안 리더가 한 명이라 문제가 많았잖아요. 혼자서 자기 마음대로 모두 결정할 수 있으니까요. 우리가 살던 원래 세계에서도 정치인들이 엄청나게 많잖아요."

"그렇지. **대통령**과 **국회의원**을 비롯해 장관과 도지사, 시의원들까지 하면 아마 수천 명은 될걸."

"누나, 그 많은 정치인이 하는 역할이 다 달라요?"

"당연하지. 대통령은 **행정부**를 책임지고 국회의원들은 국민의 대표로 **국회**에서 법을 만들고 행정부를 견제하는 역할을 하잖아. 그리고 각 지방 자치제 의원들은 자기 고장을 위해 일을 하지. 하지만 신기루도시에서는 그렇게 많은 정치인은 필요 없을 거야."

"제 생각도 그래요. 우리는 대통령 역할을 할 리더와 국민의 대표인 국회의원 역할을 할 사람 정도만 뽑으면 되지 않을까요?"

민기의 말에 향기가 맞장구를 쳤다.

"그래, 그럼 두 사람이 서로 견제할 테니까 뭐든지 자기 마음대로 할

*대통령과 행정부

우리나라에서는 대통령이 되려면 나이가 만 40세 이상이어야 해요. 선거일 기준으로 대한민국에서 5년 이상 살고 있어야 하며 대한민국 국적을 가지고 있어야 한다고 법으로 정해 놓았어요. 우리나라 대통령은 임기가 5년이고 단임제를 원칙으로 해요. 단임제란 대통령을 딱 한 번밖에 할 수 없고, 그 이상 연달아 할 수 없다는 뜻이에요.

대통령은 우리나라를 대표하여 행정부를 이끌고 국가의 안전을 책임지는 등 여러 가지 일을 해요. 또 공무원을 임명하고, 국군을 통솔하고, 국회의 동의를 얻어 국무총리와 대법원장을 임명하고, 국무 회의(나라 운영을 어떻게 할지 결정하는 회의)를 열어 외교, 국방, 통일, 경제, 교육 등 중요한 일을 결정한답니다.

수 없겠지."

나는 철민이가 다시 리더가 되는 꼴을 절대 보고 싶지 않았다. 그래서 얼른 투표의 중요성을 모두에게 알렸다.

"얘들아, 투표를 할 때는 아주 신중하게 해야 해. 만약 공정하게 정치

정치와 친해지기

*국회와 국회의원

국회는 국민을 대표해서 다수결의 원칙에 따라 국가의 중요한 정책을 결정하고, 법을 만드는 일을 하는 기관이에요. 물론 그 밖에도 아주 많은 일을 해요. 대통령이 고위 공직자를 뽑을 때는 국회의 동의를 받아야 해요. 국회는 국민의 대표니까 국민의 허락을 받아야 한다는 의미지요. 또한, 국회에서는 나라가 쓸 돈의 용도와 금액을 결정하고, 그 돈이 올바로 잘 쓰이고 있는지를 조사해요. 이를 예산안 심의라고 해요. 그리고 국회는 정부를 통제하는 일도 해요. 국정 감사를 통해 정부가 나랏일을 잘하고 있는지 조사도 하고, 공무원들을 국회로 불러 정책에 대해 질문을 할 수도 있어요.

국회의원은 국민을 대신해 나랏일을 결정하고 법을 제정하는 한편 사회에서 일어나는 부당한 행위를 감시하는 등의 일을 해요. 우리나라는 총 299명의 국회의원이 국회를 구성하지요. 국회의원은 임기가 4년이고 두 가지 권한을 법으로 보장받아요. 바로 불체포 특권과 면책 특권이지요. 불체포 특권이란 국회의원이 임기 중에 체포되어 감옥에 가지 않을 권한을 말해요. 그리고 면책 특권은 국회에서 일을 하면서 한 말에 책임을 묻지 않는 거예요. 국회 안에서 한 일 때문에 밖에서 처벌받지 않도록 지켜주는 권한이지요.

를 하지 않는 리더를 뽑으면 우리 모두가 힘든 일을 겪게 될 테니까."

나는 철민이를 힐끔 바라봤다. 지금 내가 말하는 '공정하게 정치를 하지 않는 리더'가 누군지 힌트를 주기 위해서였다.

"나도 한마디 할게."

철민이가 침착한 표정을 지으며 아이들 앞으로 나섰다.

"난 우리 가운데 가장 학년이 높고, 학교에서 전교 학생 회장을 맡고 있어. 그리고 장차 꿈이 정치인이지. 게다가 난 지금까지 신기루도시에 갇힌 아이들을 대표해서 정치를 잘해 왔어."

"맞아. 철민이는 정치를 잘해 왔다."

맨 뒤에서 팔짱을 끼고 있던 광수와 쌍둥이 형제가 요란하게 손뼉을 치며 환호성을 질렀다. 철민이는 환호성이 가라앉기를 기다렸다가 다시 말을 이었다.

"이거 하나만 얘기할게. 리더도 해 본 사람이 잘하는 법이야. 정치를 잘하려면 경험이 필요하거든. 모두 잘 생각해서 투표하기 바란다."

하지만 아이들은 철민이와 눈을 마주치지 않으려고 땅을 내려다보고 있었다. 그러자 뒤에서 광수가 아이들을 윽박질렀다.

"뭘 해. 앞을 똑바로 봐."

향기가 철민이에게 확성기를 건네받았다.

"원래 선거할 때는 여러 후보자가 나서고 그 가운데 자기 마음에 드는 한 사람을 뽑아. 하지만 우리는 그럴 필요가 없을 듯해."

"왜요?"

"사람이 얼마 안 되잖아. 그냥 우리 모두를 후보자라고 생각하고, 마음에 드는 사람의 이름을 투표용지에 써 넣는 방식으로 하면 어떨까?"

"그게 좋겠어요."

"그래, 그럼 우리 모두가 후보니까 더 공평하네."

"모두 찬성하지? 자, 그럼 이제 투표를 시작하자. 대통령 역할을 할 리더와 국회의원 역할을 할 사람을 각각 한 명씩 골라 투표용지에 이름을 적으면 돼."

아이들은 신중한 표정으로 투표를 했다. 곧 투표가 끝나고 개표가 시작되었다. 개표는 모든 아이가 지켜보는 가운데 진행되었다. 아이들은 나를 리더로, 향기를 국회의원 역할을 할 사람으로 선택했다. 의외로 철민이를 지지한 아이들도 20여 명이나 있었다.

"철민아, 투표 결과에 이의 없지?"

"……."

철민이는 아무 대답 없이 입을 꾹 다문 채 나와 향기를 노려보았다.

"지금부터 준수가 우리를 이끌어 나갈 거야. 나는 아이들을 대표하는 역할을 맡았으니까 우리 모두의 의견을 모으고 준수를 견제할게. 그럼 지난번처럼 리더 혼자 자기 멋대로 정치를 하는 일은 없겠지."

아이들은 일제히 고개를 끄덕이며 손뼉을 쳤다.

"그럼 새로운 리더가 된 준수의 당선 소감을 한번 들어 보자."

나는 향기에게 확성기를 넘겨받은 다음 잠시 말을 골랐다. 무슨 말을 먼저 해야 하지?

"여러 사람이 모여 함께 생활하다 보면 서로 친하게 지낼 때도 있지만, 화내며 싸울 때도 있어. 사회 질서와 규칙을 무시하고, 제멋대로 행동하는 사람도 있지."

말을 하면서도 나는 내 자신에게 깜짝 놀랐다. 내 머릿속에 이런 말과 생각이 들어 있었다니……. 아이들은 진지한 표정으로 내 이야기를 들었다. 나는 침착하게 말을 이었다.

"그러면 우리 사회는 엉망이 되겠지. 그러니까 아무리 자기가 하고 싶고, 갖고 싶은 것이 있어도 다른 사람과의 관계를 먼저 생각해야 해. 지금 우리는 모든 것이 부족해. 이런 상황에 너도나도 자기만 먼저 생각하고 욕심을 부리면 불행한 사태가 벌어질 테니까."

나는 다시 한 번 말을 잠시 멈추고 아이들의 표정을 살폈다.

"이 신기루도시에서 탈출하기 전까지는 우리 모두가 힘을 모아야 해.

너희 모두 음식이 부족한 사실을 잘 알고 있지? 앞으로는 모두 함께 음식을 아끼고 서로 도와 가며 평화롭게 잘 지낼 수 있도록 노력하자."

내 말이 끝나자 사방에서 박수가 터져 나왔다.

"어이, 준수. 제법 연설 좀 할 줄 아는데. 하지만 정치는 네 생각만큼 그렇게 쉽지 않아. 내 말이 무슨 뜻인지 이제 곧 알게 될 거다."

철민이가 내 어깨를 툭 치며 말했다. 광수와 쌍둥이 형제는 의자를 괜히 발로 툭툭 찼다.

"철민이와 광수, 너희도 앞으로는 다른 아이들과 마찬가지로 모두의 의견에 따라 줘."

나는 물러서지 않고 철민이와 광수, 쌍둥이 형제에게 말했다.

"뭐? 너희 의견에 따르라고?"

광수가 뒤를 돌아보며 어깨를 으쓱하자 쌍둥이 형제가 키득대며 말했다.

"킥킥, 글쎄?"

"준수야, 똑바로 들어라. 우리는 너한테 협조할 생각이 전혀 없거든. 알아들어? 아까 보니까 말을 아주 번지르르하게 잘하던데. 그렇게 잘났으면 어디 한 번 잘해 보라고."

광수는 내 어깨에 손을 올리고 힘을 꾹 주며 웃었다. 그리고 철민이, 쌍둥이 형제와 함께 문을 꽝 닫고 회의실을 나가 버렸다.

한동안 무거운 침묵이 이어졌다.

"준수야, 장관 역할을 할 사람도 뽑아야 하지 않니?"

향기가 침묵을 깨고 말했다.

"장관?"

"그래, 원래 세계에서도 대통령은 혼자 일하지 않잖아. 여러 장관과 함께 여러 가지 일을 하지."

"그럼 또 투표를 해야 할까?"

"아니, 장관을 뽑을 때는 투표를 하지 않아. 보통 대통령이 자신을 도와줄 장관을 직접 임명 해."

나는 잠시 동안 고민했다. 누구에게 날 도와서 일해 줄 장관 역할을 맡긴담? 원래 세계에서는 대통령을 도와줄 여러 장관이 필요하지만, 신기루도시에서는 한 사람 정도면 충분할 듯했다.

"민기에게 장관 역할을 맡길래. 민기라면 잘할 수 있다고 믿어. 민기 네 생각은 어떠니?"

"형, 제가 나이는 어리지만 맡은 일은 잘할 수 있어요."

민기가 씩씩하게 대답했다.

"그래, 고마워."

나는 민기와 가볍게 악수를 했다.

"아, 잠깐!"

향기가 정색을 하고 말했다.

"그렇게 너희 멋대로 정하면 안 되지. 너희는 텔레비전도 안 보니? 대통령이 장관을 임명하려면 장관 후보의 됨됨이와 자질을 평가하는 국회의 청문회를 거치잖아. 국민의 대표인 국회의원들 앞에서 과연 장관이 될 자격이 있는지 심사를 거쳐야 한다고."

"어, 어? 아, 그렇지……."

나도 모르게 말을 더듬었다.

"내 생각에는……."

향기는 진지하게 고민을 하는 듯했다.

"민기라면 장관 역할을 아주 잘 해낼 수 있다고 생각해. 호호."

향기는 활짝 웃으며 장난스럽게 말했다.

"뭐야, 괜히 긴장했잖아."

"자, 그럼 오늘 선거는 이것으로 끝내자."

아이들은 일제히 손뼉을 치며 자리에서 일어났다. 내가 막 자리에서 일어나려고 할 때였다. 원탁이가 친한 척을 하며 말을 걸어 왔다.

"저, 준수야……."

나는 한동안 아무 말 없이 원탁이를 노려봤다. 그동안 철민이와 함께 행동하면서 원탁이가 저지른 부정부패를 생각하면 말도 하기 싫었다. 하지만 그래도 원탁이는 나와 가장 친한 친구가 아닌가.

"나도 너를 도와 일하면 안 될까?"

원탁이가 내 눈치를 살살 보며 물었다.

"왜 또 한마음마트에서 물건을 빼돌리려고?"

향기가 앙칼진 목소리로 원탁이를 향해 쏘아붙였다. 그러자 원탁이가 손을 내저으며 말했다.

"에이, 향기야……. 왜 옛날 이야기를 꺼내고 그러니? 준수야, 미안하다. 나 정말 반성하고 있어. 내가 잠깐 뭐에 씌었나 봐."

원탁이는 진심으로 잘못을 뉘우치는 듯했다.

"하지만 너에게 장관 역할을 맡길 수는 없어. 이미 민기로 정했거든."

나는 약간 누그러진 목소리로 말했다.

"에이, 누가 장관 역할을 하겠다냐? 그냥 너희를 돕게 해 줘. 뭐, 비서실장 같은 역할이라고나 할까."

"비서실장?"

"그래, 대통령을 보좌하는 역할을 하는……."

"철민이는?"

"철민이? 넌 내가 걔를 좋아해서 함께 행동했다고 생각해? 그냥 마지

못해 도와줬을 뿐이야. 준수야, 너 나 믿지?"

나는 망설이지 않을 수 없었다. 이대로 원탁이를 용서해도 될까? 문득 '죄는 미워해도 사람은 미워하지 마라'는 옛말이 떠올랐다. 그래, 원탁이에게 자기가 저지른 잘못을 반성하고 신기루도시에 갇힌 아이들을 위해 일할 수 있는 기회를 주자!

"좋아, 원탁아. 우리 함께 신기루도시에 갇힌 아이들을 위해 올바른 정치를 해 보자."

나는 원탁이의 손을 잡았다. 향기는 뾰로통한 표정을 지었지만 나를 더 말리지는 않았다.

"준수야, 그런데 올바른 정치는 어떻게 해?"

"그, 그건 나도 아직 잘 몰라. 우선 철민이처럼 나 하나만 생각하거나 내 멋대로 행동하지 않고, 우리 모두에게 가장 좋은 일을 생각하는 정치를 하려고 해. 음식 배분도 공평하게 하고, 담요도 공평하게 나눠 주려고. 그게 올바른 정치가 아닐까?"

그때까지만 해도 나는 정치를 아주 단순하고 쉽게 생각하고 있었다. 정치는 신기루도시에 갇힌 아이들 모두가 공평하게 지낼 수 있게 하는 일이라고! 물론 맞는 말이다. 하지만 실제 정치를 하는 과정은 그렇게 단순하고 쉽지만은 않았다.

올바른 정치의 길을 찾아라

우리가 신기루도시에 갇힌 지 2주째 되는 날, 그러니까 정확히 4월 25일 밤이었다. 아직 구름다리는 나타날 기미가 보이지 않았다. 그날따라 해피의 행동이 좀 이상했다. 주민 센터 앞에서 애완견 사료를 먹고 있던 해피가 갑자기 날카로운 이빨을 드러내고 으르렁거리기 시작했다.

"해피야, 왜 그래?"

내가 다가가자 해피는 갑자기 안개 속으로 뛰어갔다.

"어, 어? 해피야, 거기 서!"

나는 원탁이, 향기와 함께 해피를 쫓았다.

"해피야, 이리 와. 밤에는 함부로 밖에 나가면 안 돼."

향기가 애타게 해피를 불렀지만 해피는 돌아올 생각을 하지 않았다. 한참을 해피를 찾아다니다 학교 근처에 이르렀을 때였다. 학교 운동장 쪽에서 해피가 사납게 짖는 소리가 들렸다.

"아, 저기 있구나."

우리 셋은 소리가 들리는 곳으로 재빨리 뛰어갔다. 그런데 그곳에는 해피만이 아니라 정체를 알 수 없는 뭔가가 있었다. 분명 안개는 아니었다. 굳이 표현하자면 거대한 검은 연기라고 해야 할까? 검은 연기는 뱀처럼 몸을 좌우로 움직이며 서서히 해피에게 다가가고 있었다.

"해피야! 이쪽으로 와."

우리 셋은 있는 힘껏 소리를 질렀다. 하지만 해피는 검은 연기를 향해 이빨을 드러내며 으르렁거릴 뿐 좀처럼 물러서려고 하지 않았다. 그런데 바로 그때였다! 갑자기 검은 연기가 해피를 위에서 아래로 뒤덮는가 싶더니 말 그대로 해피를 머리부터 삼켜 버렸다. 삼킨다는 표현이 맞는지 모르겠다. 나와 똑같은 장면을 보았지만 향기는 다르게 말했다.

"해피의 머리가 검은 연기 속으로 빨려 들어가고 있어!"

검은 연기는 결국 해피를 모두 삼켜 버렸다. 그러고는 다음 먹이를 노리는 아나콘다처럼 우리를 향해 스멀스멀 기어왔다. 나는 다리가 얼어붙어서 꼼짝할 수 없었다. 향기가 나를 끌어당기지 않았으면 나는 아마 그 자리에서 검은 연기 속으로 사라졌으리라.

우리는 뛰고 또 뛰었다. 눈앞에는 희뿌연 안개밖에 보이지 않았다. 마치 하얀 벽을 뚫고 가는 느낌이었다. 향기가 들고 있는 손전등이 아니었다면 방향 감각을 잃고 엉뚱한 곳으로 뛰어갔을지도 모르겠다.

한 30초 정도 뛰었을까? 검은 연기는 우리에게 조금씩 가까워졌다. 맨 뒤에서 달리던 나는 분명하게 느낄 수 있었다. 검은 연기가 가까이 오자 등이 얼음장처럼 차가워지고 머리카락이 쭈뼛 섰다. 마치 불꽃이 타는 듯 타닥타닥 하는 소리가 들렸다. '이제 난 죽었구나!' 나는 속으로 마지막 기도를 올렸다.

'엄마, 아빠! 그동안 저 때문에 속 많이 상하셨죠? 이 불효자식은 이렇게 먼저 갑니다. 부디 건강하세요!'

그 순간, 향기가 소리쳤다.

"가로등이다!"

눈앞에 환한 가로등 불빛이 보였다. 나는 본능적으로 외쳤다.

"얘들아, 가로등 쪽으로 뛰어!"

가까스로 가로등 밑에 들어서자 신기하게도 차가운 기운이 뚝 멈췄다.

'혹시……'

나는 거친 숨을 몰아쉬며 뒤돌아보았다. 그랬더니 검은 연기가 짙은

안개 속에서 노려보고 있지 않은가! 하지만 더는 가까이 다가오지 않았다. 아무래도 검은 연기는 빛을 꺼리는 듯했다. 나는 향기와 원탁이에게 소리쳤다.

"얘들아, 검은 연기는 불빛을 싫어하나 봐. 가로등 밑으로 모여!"

내 말에 향기와 원탁이는 재빨리 가로등 바로 밑에 섰다. 얼마나 그러고 있었을까? 검은 연기는 한참 동안 타닥타닥 소리를 내며 우리를 노려보더니 순식간에 안개 속으로 사라져 버렸다.

"그런데 저, 저, 저게 뭐지?"

향기가 바닥에 철퍼덕 주저앉으며 떨리는 목소리로 말했다.

"여, 연기잖아. 헉헉."

향기를 위로해 주고 싶은 마음에 한 말이지만 내가 생각해도 안 하느니만 못한 소리였다.

"저건 그냥 연기가 아니잖아."

"그, 그렇지……. 저건 그냥 연기가 아니야. 해피를 집어삼켰……."

해피가 사라지는 모습이 자꾸 눈에 아른거려서 차마 말을 이을 수가 없었다.

"저런 괴물이 왜 그동안 안 보이다가 오늘 나타났을까?"

향기가 말하자 원탁이가 날카롭게 반응했다.

"향기야, 신기루도시에 이상한 일이 한두 가지냐? 신기루도시로 건너오는 구름다리가 사라진 건 어떻고, 날마다 안개가 짙게 끼는 건 어떻게 설명할래? 아니, 뭐 그렇게 깊게 생각할 것도 없겠다. 넌 지금 신기루도시가 어디에 있다고 생각하니? 우리 마을 강 건너편? 아니면 4차원 공간? 그동안 안 보이던 검은 연기 괴물이 갑자기 나타났다고 해서 이상할 거 하나도 없잖아."

원탁이의 말에 향기는 입을 꾹 다물었다. 우리 셋은 주민 센터로 돌아오는 내내 서로 아무 말도 하지 않았다. 그저 빨리 걸어야 한다는 생각뿐이었다.

"애들아, 지금부터 내가 하는 말 똑똑히 들어."

나는 주민 센터에 돌아오자마자 아이들을 불러 모으고, 우리가 겪은 일을 하나도 빠짐없이 얘기했다. 해피가 느닷없이 안개 속으로 달려간 이야기, 검은 연기 괴물이 나타나 해피를 삼켜 버린 이야기, 검은 연기 괴물에 쫓겨 도망친 이야기, 가로등 불빛 아래로 피한 덕분에 겨우 살아난 이야기……, 내가 방금 겪은 일이었지만 내가 들어도 도무지 진짜처럼 들리지가 않았다.

"형, 정말 신기루도시 안에 검은 연기 괴물이 살고 있어요?"

민기가 진지한 눈으로 물었다. 내가 고개를 끄덕이자 아이들은 불안한 듯 웅성거리기 시작했다.

"진짜인가 봐."

"으아, 무서워! 이제 우린 어떻게 해야 하지?"

"자, 모두 집중!"

나는 조금 흥분된 목소리로 말했다.

"이제부터는 보초를 네 명으로 늘려야겠어. 두 명은 주민 센터 옆 국기 게양대 앞에 서고, 두 명은 주민 센터 정문 앞에 서자."

나는 나도 모르게 점점 명령조로 말하고 있었다.

그날 밤, 나는 2층 상황실에 앉아 창밖을 내다보고 있었다. 눈을 감으면 검은 연기 괴물이 해피를 집어삼키는 모습이 자꾸만 아른거렸다. 밤 10시쯤 되었을까? 누군가 상황실 문을 두드리는 소리가 들렸다.

"들어와."

"준수 형, 몸이 아파서 그러는데 보초를 내일로 옮기면 안 될까요?"

지호가 아픈 얼굴을 하고 사정했다. 지호는 초등학교 2학년으로 유난히 약해 보이는 아이였다. 문득 철민이가 아픈 아이를 억지로 보초 세웠던 일이 기억났다.

"그래? 그럼 오늘은 쉬어."

"정말요?"

"그럼."

문제는 그다음 날 아침이었다. 아침 식사 시간에 여기저기서 불만이 터져 나왔다.

"준수 형이 어젯밤에 지호를 보초에서 빼 주었대."

"아파서 그랬다던데."

"나도 아파. 그럼 나도 오늘 보초를 서지 않아도 되겠네?"

"그건 그렇고. 갑자기 보초를 네 명으로 늘리니까 너무 힘들어."

"난 왜 밤마다 보초를 서야 해."

"맞아, 낮에 보초를 서는 아이들이 훨씬 좋아. 불공평해."

아이들이 불평하는 소리를 듣고 나는 정말 섭섭했다. 내가 얼마나 올바르게 정치를 하려고 애쓰고 있는데 이런 말들을 하다니……. 마치 검은 연기 괴물이 내 능력을 시험해 보려고 나타난 것처럼 느껴졌다. 나는 갑자기 화가 머리끝까지 치밀어 올라 먹던 음식을 식탁에 내려놓고 벌떡 일어섰다.

"광호와 도연이! 너희 왜 그렇게 불만이 많아?"

그때 나는 평소답지 않게 몹시 흥분해 있었다.

"너희, 지금 상황을 잘 모르나 본데. 언제 검은 연기 괴물이 나타나서 우리를 습격할지 몰라. 지금 얼마나 위험한 상황인지 모르겠어?"

나는 분을 참지 못하고 말을 이었다.

"그까짓 보초를 좀 서는 일이 뭐가 그렇게 어렵다고 그래? 왜들 이렇게 말이 많아, 응?"

아이들은 죄 지은 사람처럼 머리를 푹 숙이고 아무런 말도 하지 않았다. 그러자 향기가 조심스럽게 입을 열었다.

"준수야, 네 기분은 이해해. 나도 어떻게 해서든 빨리 이 지긋지긋한 곳을 벗어나고 싶어. 검은 연기 괴물도 무섭고……. 하지만 그렇게 화를 내 봤자 아무것도 해결되지 않아."

향기는 잠시 말을 끊었다가 다시 이었다.

"넌 이곳의 리더잖아. 리더가 자기 생각대로만 하려고 하면 어떻게 되는지 몰라? 예전 철민이를 생각해 보면 알잖아. 리더라고 자기 마음대로 결정하고, 사람들이 안 따라 준다고 윽박지르면 안 돼. 그러면 결국 모두가 불행해진다고."

나는 크게 숨을 들이마셨다. 향기가 하는 말은 구구절절 옳았다.

"후유……, 향기야, 그럼 내가 앞으로 어떻게 해야 할까?"

향기가 조심스럽게 입을 열었다.

"준수야, 너도 잘 알겠지만 리더는 다른 사람들이 모두 인정하고 따를 수 있게 결정하고 행동해야 해."

"나도 알지. 하지만 아무리 그러려고 노력해도 생각처럼 쉽지가 않아. 너무 어려워."

"나도 네가 노력하고 있는 걸 알아. 하지만 넌 그 방법을 아직 잘 모르고 있는 것 같아."

"방법? 향기 넌 그 방법을 아니?"

"난 대화가 가장 중요하다고 생각해. 준수, 너 아이들이랑 보초 문제를 한 번이라도 이야기해 봤어?"

"아니."

"철민이가 하던 대로 네 마음대로 보초 순서를 정했지?"

"그, 그랬지……."

"거 봐. 처음부터 아이들이랑 충분히 이야기해서 보초 순서를 정하고, 규칙을 정했으면 이런 일이 없잖아."

향기의 말이 맞았다. 나는 그동안 우리 모두에게 좋은 쪽으로 아이들을 이끌려고 노력해 왔다. 하지만 나 혼자 생각하고, 결정하고, 행동해서는 결코 올바른 정치라고 할 수 없었다. 올바른 정치란 충분한 대화에서 시작되기 때문이다.

나는 화를 누그러뜨리고 아이들에게 먼저 사과를 했다.

"얘들아, 화를 내서 미안해!"

내가 웃으며 말하자 아이들도 언제 그랬느냐는 듯 방긋 웃었다. 나는 아이들에게 현재 상황을 차근차근 이야기했다.

"하지만 얘들아, 우리는 지금 아주 큰 위기에 처해 있어. 구름다리는 언제 나타날지 모르는데 한마음마트에 있는 음식은 점점 바닥을 드러내고 있어. 게다가 갑자기 검은 연기 괴물이 나타나는 바람에 한마음마트로 가기도 쉽지 않고. 어쩌면 우리가 본부로 삼은 이 주민 센터도 안전하지 않을지도 몰라. 그래서 보초를 네 명으로 늘리자고 했어. 갑자기 보초 숫자가 늘어나니까 순서도 빨리 돌아올 거야. 우리 모두 이 문제를 어떻게 해결해 나가야 할지 다시 한 번 생각해 보자."

도연이가 먼저 손을 번쩍 들고 말했다.

"준수 형, 제 생각에는 밤에는 보초 서는 시간을 1시간으로 줄이는 편이 좋겠어요."

아이들 대부분이 도연이의 의견에 동의했다.

"맞아요, 밤에 보초 서기 너무 힘들어요."

"밤에 1시간 보초 서느니, 낮에 2시간을 서는 게 더 나아요."

"좋아! 너희 생각이 모두 그렇다고 하니 밤에는 보초 시간을 1시간으로 줄이도록 하자. 이 결정에 반대하는 사람은 지금 얘기해 줘."

아무도 손드는 사람이 없었다.

"좋아! 그럼 또 다른 의견 있으면……."

내 말이 떨어지지가 무섭게 광호가 손을 번쩍 들었다.

"준수 형, 그리고 보초 순서를 다시 정하면 좋겠어요. 낮에 보초를 서는 아이들은 계속 낮에 서고, 밤에 서는 아이들은 계속 밤에만 보초를 서고 있어요."

나는 광호의 말을 듣고 얼른 보초 시간표를 살펴봤다. 정말 광호가 말한 대로 밤에 보초를 서는 아이들은 계속 밤에 보초를 서게 시간표가 짜여 있었다.

"아, 정말 그렇구나. 이런, 미안해. 보초 시간표를 이렇게 짜다니! 내 실수야."

나는 민기에게 보초 시간표를 내밀며 말했다.

"민기야, 네가 보초 시간표를 다시 공평하게 짜 주겠니?"

"당연하지요. 믿고 맡겨 주세요."

민기는 언제나처럼 씩씩하게 대답했다. 그런 민기가 정말 고마웠다.

"또 다른 의견 없니?"

이번에는 머리를 양 갈래로 딴 채현이가 손을 들고 말했다.

"준수 오빠, 지석이처럼 아픈 아이들은 보초를 서지 않거나 다음 날로 보초 순서를 미룰 수 있는 **법**을 만들면 어떨까요?"

"법을 만들자고?"

"예. 법이 있으면 법에 따라 결정하면 되잖아요."

"맞아요. 법을 만들어요."

아이들의 말에 나는 정신이 번쩍 들었다. 그래! 정치는 법에 따라 공정히 해야 한다. 리더인 내가 모든 문제를 판단하고, 결정을 내려서는 안 된다. 아이 참, 바보같이 왜 지금까지 그런 생각을 하지 못했을까. 모두가 지키기로 한 약속, 그리고 그 약속을 어겼을 때는 그에 따르는 책임을 지겠다고 한 약속, 그게 곧 법이 아닌가! 정치란 모름지기 우리 모두의 약속, 바로 법에 따라 이루어져야 한다.

"좋은 의견이야. 그런데 법은 어떻게 만들어야 하지? 법은 국회에서 만드니까 향기 네가 만들면 되겠네?"

그러자 향기는 고개를 절레절레 흔들었다.

"법은 국회의원 혼자 마음대로 만드는 게 아니야. 우선 국민들의 생각을 국회의원이 대표로 국회에 제출해. '이런 법을 만들면 어떨까요?' '이런 법을 고치면 어떨까요?' 하고 말이지. 이것을 '법안'이라고 해. 그 법안은 위원회의 심사를 거쳐 국회의원들의 투표로 결정돼."

"음, 법을 만드는 절차가 꽤 복잡하네."

"응. 하지만 신기루도시 법은 그렇게 복잡한 절차를 따질 필요가 없을 듯해. 신기루도시에 있는 아이들은 겨우 105명밖에 안 되잖아. 그러니까

*법

법은 국회에서 국회의원들이 의논해서 만들어요. 그래서 국회를 법을 만드는 일을 한다고 해서 '입법부'라고 하지요. 국회는 국회의원들 가운데에서 뽑은 의장과 부의장, 법을 만드는 국회의원, 그 법이 실생활에 꼭 필요한지, 그 법으로 피해 입는 사람은 없는지 등을 심사하는 위원회 등으로 이루어져 있어요. 국회에서 만든 법을 집행하는 기관이 법원이에요. 법원을 '사법부'라고 하지요. 법원은 사람들이 서로 다투거나 법을 어길 경우 재판을 하여 사회 질서를 유지시키지요. 법원의 종류에는 크게 대법원, 고등법원, 지방법원, 가정법원, 헌법재판소 등으로 나눌 수 있어요.

- **대법원**: 우리나라 최고의 법원이에요. 재판을 받을 수 있는 최종 법원으로 3심 재판을 맡아요.
- **고등법원**: 서울, 부산, 대전, 대구, 광주에 있어요. 3명의 판사가 합의하여 심판하며, 2심 재판을 맡아요.
- **지방법원**: 특별시, 광역시, 도청 소재지에 있으며, 1심 법원이에요.
- **가정법원**: 가정에 관한 사건과 20세 미만 소년에 관한 사건을 맡아 다루는 법원이에요.
- **헌법재판소**: 법률이나 사회 제도 등이 헌법(한 나라의 기본을 정해 놓은 최상위의 법)에 맞는지 판정하는 곳이에요.

우리 모두가 직접 법을 만드는 과정에 참여하면 어떨까?"

"그래, 그게 좋겠다. 자, 얘들아! 그럼 우리 모두 힘을 합쳐서 '신기루도시 법'을 만들어 보자."

나는 신기루도시에 있는 아이들이 모두 한자리에 모여 법을 만들어야 한다고 생각했다.

"민기야, 철민이에게 법을 만드니까 참석하라고 전해 줄래?"

"예, 형!"

민기는 씩씩하게 지하 창고로 달려갔다. 선거에서 진 다음부터 철민이와 쌍둥이 형제, 그리고 광수 패거리는 지하 창고에서 대부분 시간을 보냈다. 잠시 뒤에 민기가 어두운 표정으로 돌아왔다.

"준수 형, 철민이 형은 자기는 관심 없으니까 우리 마음대로 하래요."

"알았어. 민기야, 수고했다."

나는 향기에게 눈짓을 보냈다. 그러자 향기가 나서서 쪽지를 돌렸다.

"자, 얘들아! 쪽지를 나눠 줄 테니까 여기에 우리가 함께 생활하면서 어떤 법이 꼭 필요한지 적어 줘."

아이들은 신 나는 일이라도 생겼다는 듯 많은 '법안'을 제출했다.

"이제 내가 너희가 적은 법안을 하나씩 읽어 줄게. 그 법안이 우리 모두에게 필요한지, 혹시 그 법이 생기면 누가 피해를 입지 않을지 등을

잘 생각해 봐."

향기는 아이들이 제출한 법안을 하나하나 읽어 내려갔다. 많은 법안이 있었지만 우선 토론 끝에 당장 필요하다고 생각되는 법안은 3가지로 모아졌다.

신기루도시 법

제1조 음식에 대한 법
 1항: 모든 사람에게 음식을 똑같이 제공한다.
 2항: 다른 사람의 음식을 힘으로 빼앗으면 안 된다.
      이를 어기면 하루 치의 음식을 제공하지 않는다.

제2조 담요에 대한 법
 1항: 모든 사람에게 공평하게 담요를 2장씩 나누어 준다.
 2항: 다른 사람의 담요를 힘으로 빼앗으면 안 된다.
      이를 어기면 보초 시간을 2배로 서야 한다.

제3조 보초에 대한 법
 1항: 모든 사람이 돌아가면서 공평하게 보초를 선다.
 2항: 단, 몸이 아픈 사람은 몸이 나을 때까지 열외시킨다.
 3항: 밤에는 보초를 1시간만 서도록 한다.

"자, 그럼 이제 모두가 좋다고 생각한 법안은 '음식에 대한 법, 담요에 대한 법, 보초에 대한 법' 이렇게 3가지야. 이 3가지 법안에 찬성하는 사람은 손을 들어서 다수결로 결정하자."

우리는 다수결 원칙에 따라 법안을 결정하고, 다음과 같은 법을 만들었다.

아이들은 대부분 긍정적인 반응을 보였다.

"그래, 이렇게 법을 만들어 놓으면 다투는 일이 적어지겠다."

"맞아, 이 법에 따라 정치하면 자기 멋대로 하지 못하겠지."

우리는 법을 적은 종이를 들고 지하 창고를 찾아갔다.

"얘들아, 신기루도시 법이 만들어졌어. 너희도 이제 이 법에 따라 행동했으면 해."

나는 법을 적은 종이를 철민이에게 넘겼다.

"다른 사람의 담요를 힘으로 빼앗으면 보초 시간을 2배로 서게 한다?"

철민이는 고개를 까닥이며 아무 말 없이 나를 바라봤다. 그러자 광수가 나섰다.

"준수, 그게 네 마음대로 될까?"

"글쎄, 그건 두고 봐야겠지. 우리 모두는 이 법에 따라 행동해야 해.

나도 이 법대로 정치를 하겠어. 정치는 법에 따라 공정히 해야 하니까. 만약 너희가 이 법을 어기면 그에 따른 책임을 져야 해."

나는 지지 않고 광수의 눈을 바라봤다. 광수는 약간 움찔하며 내 눈을 쳐다봤다.

"오호, 준수 많이 컸네."

"그러게. 간이 배 밖으로 튀어나온 거 같은데."

책상에 걸터앉아 있던 쌍둥이 형제가 손바닥을 털며 나에게 다가왔다. 그러자 향기, 민기, 원탁이도 한 발자국씩 앞으로 나섰다.

"너희, 담요를 3~4장씩 가지고 있지? 각자 2장만 가지고 나머지를 돌려 줘. 담요가 부족한 아이들에게 갖다 줘야 하니까."

"이 자식이 보자 보자 하니까."

성질 급한 광수가 주먹을 쳐들며 달려들었다. 나는 광수를 노려보며 뒷걸음질을 쳤다. 그러자 철민이가 한 손을 들어 광수를 말렸다.

"광수야, 참아라. 어쨌든 법은 필요하니까. 그 법이 얼마나 잘 지켜지는지 한번 두고 보자고."

"그래, 철민아. 난 너희랑 싸우고 싶지 않아. 우리는 힘을 모아 하루 빨리 신기루도시를 빠져나가야 해. 그러려면 너희가 도와줘야 해. 부디 마음을 열고······."

하지만 광수와 쌍둥이 형제가 내 말을 끊었다.

"쓸데없는 소리 작작하고 꺼져!"

"너 따위가 검은 연기 괴물에게서 우리를 지킬 수 있겠어?"

나는 광수와 쌍둥이 형제에게 떠밀리듯 지하 창고를 나왔다.

음식당과 탈출당, 공격당이 만들어지다

며칠 동안 광수와 쌍둥이 형제의 말이 귓가에 맴돌았다. 과연 내가 검은 연기 괴물로 부터 아이들을 무사히 지킬 수 있을까? 과연 우리가 이 신기루도시를 무사히 빠져나갈 수 있을까?

검은 연기 괴물은 마치 원래 세계에서 우리를 위협하는 모든 문제를 합쳐 놓은 것처럼 느껴졌다. 우리가 원래 살던 세계에는 많은 문젯거리가 있다. 북한 핵 문제, 실업자 문제, 노사 문제, 노인 문제, 식량 문제, 교통 문제, 교육 문제 등등. 이러한 문젯거리는 우리 삶을 위협하고 우리가 행복하게 살지 못하게 방해한다.

신기루도시에서는 저 검은 연기 괴물이 우리를 위협하고 있다. 신기루도시의 정치인이자 리더인 나는 이곳을 무사히 빠져나갈 수 있을 때까지 검은 연기 괴물에게서 아이들을 안전하게 지켜야 한다.

"준수야, 아무래도 본부를 주민 센터에서 한마음마트 근처로 옮기는 편이 좋겠어."

원탁이가 상황실 문을 열고 들어오며 심각한 표정으로 말했다.

"왜?"

향기가 물었다. 그러자 원탁이가 당연하지 않냐는 듯이 되물었다.

"왜긴 왜야? 검은 연기 괴물 때문이지. 한마음마트에 가려고 학교 운동장 근처를 지나가다가 언제 검은 연기 괴물에게 당할지 누가 알아? 하지만 한마음마트 근처로 본부를 옮기면 그럴 염려가 없잖아."

"쯧쯧, 원탁아. 넌 하나만 알고 둘은 모르는구나."

"그게 무슨 소리야?"

향기가 손을 저으며 말했다.

"절대 본부를 옮겨서는 안 돼. 우리의 최종 목표는 이 신기루도시를 벗어나는 거야. 너도 내 말에 공감하지?"

원탁이가 고개를 끄덕였다.

"우리가 신기루도시를 탈출하려면 구름다리에서 가까운 이곳 주민 센터에 머물러 있어야 해. 그래야 구름다리가 나타나는 걸 볼 수 있지."

"그러니까 구름다리가 언제 나타나느냐고?"

"그, 그거야…… 나도 모르지. 하지만 일단 구름다리 가까이 있어야 제때 빠져나갈 수 있잖아. 그래서 보초도 서는 거고. 하지만 한마음마트 근처에 있으면 탈출 기회를 영영 잃어버릴 수 있어. 거기서는 구름다리가 보이지 않으니까."

원탁이와 향기는 조금도 물러서지 않고 팽팽하게 맞섰다. 두 사람 모두 틀린 말이 아니었다. 지금처럼 구름다리가 언제 나타날지 모르는 상황에서 어느 한쪽으로 결정을 내리기란 무척 힘든 일이었다.

그다음 날 아침, 원탁이가 또 한숨을 쉬며 상황실로 들어왔다.

"준수야, 아무도 한마음마트로 가려고 하지 않는데 이를 어쩌지?"

"검은 연기 괴물이 나타날까 봐?"

"왜 아니겠어? 그동안 열 명씩 한 조가 되어서 음식을 가져왔잖아."

"그랬지."

"그런데 이번에는 아무도 안 가려고 해. 어젯밤에 보초 서던 아이들이 검은 연기 괴물이 학교 운동장 근처에 나타난 걸 봤대. 그래서 아무도 안 나서."

"끙, 이럴 줄 알았으면 한마음마트에 있는 물건을 한꺼번에 주민 센터로 옮겨 두었을 텐데."

"이런 일이 생길 줄 누가 알았겠냐? 그리고 한마음마트에는 냉장고가 있어서 음식이 상하지 않게 보관할 수 있잖아. 그래서 필요한 만큼씩만 음식을 옮겼던 거고."

우리는 머리를 맞대고 해결책을 궁리했다. 그러나 별달리 뾰족한 수가 생기지 않았다.

아침 식사 시간, 식당은 벌집을 들쑤셔 놓은 듯 소란스러웠다.

"어제 또 검은 연기 괴물이 나타났대."

"무서워. 검은 연기 괴물한테 우리 모두 잡아먹힐지도 몰라."

"빨리 이곳을 탈출해야 해."

"당장 오늘 저녁은 어떻게 하지?"

나는 최대한 아이들의 의견을 귀 기울여 들으려고 했다. 모든 아이의 의견을 듣고 최선의 방법을 찾아내는 것이 곧 리더가 해야 할 일이니까. 하지만 워낙 제각각 생각과 입장이 달라 뜻을 하나로 모으기가 힘들었다.

"얘들아, 당장 본부를 한마음마트 근처로 옮겨야 해. 우선 먹고 살아야 하잖아."

원탁이가 몹시 배가 고프다는 듯 배를 움켜쥐며 말했다.

"검은 연기 괴물은 학교 운동장 근처에서만 나타나. 그러니까 본부를 한마음마트 근처로 옮기면 음식 문제가 간단하게 해결될 거야."

"원탁이 형의 말이 맞아."

몇몇 아이가 손뼉을 치며 원탁이를 지지했다.

"글쎄, 안 된다니까! 원탁아, 넌 먹는 게 중요하니? 아니면 여기서 탈출하는 게 중요하니? 구름다리는 순식간에 사라져 버려. 우리는 주민 센터에 계속 머무르면서 구름다리가 나타나자마자 건너가야 해. 우리가 한마음마트 근처로 본부를 옮기면 영영 탈출하지 못할 수도 있다고."

"맞아, 난 향기 누나의 말이 옳다고 생각해."

몇몇 아이가 향기에게 박수를 보냈다. 이번에도 향기와 원탁이는 한 발자국도 물러서지 않았다. 그때 맨 뒤에서 팔짱을 끼고 듣고 있던 철민이가 나섰다.

"난 그 검은 연기 괴물을 무찔러야 한다고 생각하는데."

"뭐, 검은 연기 괴물을 무찌른다고?"

내 물음에 철민이는 한심하다는 듯이 나를 바라봤다.

"그래, 검은 연기 괴물은 빛을 두려워한다며? 그러니까 우리가 가지고 있는 손전등을 모두 비추면 검은 연기 괴물을 무찌를 수 있을 거야."

아이들이 아무런 반응이 없자 쌍둥이 형제가 가소롭다는 듯이 웃었다.

"푸하하! 하긴, 너희 같은 겁쟁이들한테 무슨 기대를 하겠냐? 에이, 이 겁쟁이들아!"

아이들은 입을 꾹 다물고 아무 말도 하지 않았다. 나는 마음이 답답해졌다. 아이들은 모두 걱정과 불안에 떨고 있었다. 고학년 아이들도 예외는 아니었다. 하루 빨리 신기루도시에서 빠져나갈 방법을 찾아서 아이들을 안심시켜야 했다. 그러려면 아이들마다 분분한 의견을 하나로 모아야 했지만 서로 의견이 너무나도 달라서 더는 듣고만 있을 수 없었다. 아무래도 리더인 내가 나서서 빨리 결정을 내리는 편이 좋을 듯했다.

"모두 그만들 해라. 이렇게 저마다 생각이 다를 때는 내가 최종 결정을 내릴 수밖에 없겠어. 너무 소란스러운 데다 이래서는 도무지 결론이 나지 않을 테니까."

나는 자리에서 일어나 최종 결정을 내리려고 했다. 그러자 향기가 이의를 제기했다.

"준수야, 그건 아니지."

아이들의 시선이 온통 향기에게 쏠렸다.

"이렇게 여러 사람이 함께 모여 살다 보면 어떤 문제점이든 생기기 마련이야. 그리고 저마다 의견이 다르니까 말이 많아질 수밖에 없고. 그러면 소란스럽기도 하고, 쉽사리 결론이 나지 않기도 해. 하지만 그게 나쁘거나 잘못된 걸까?"

향기는 민기를 돌아보며 물었다.

"민기야, 넌 이런 소란을 어떻게 보니?"

갑작스러운 질문에도 민기는 씩씩하게 대답했다.

"저는 나쁘거나 잘못되었다고 생각하지 않아요. 여러 사람이 이야기하다 보면 당연히 각자 다른 말을 하게 되고, 저마다 다른 말 속에 다양한 생각이 담겨 있으니까요."

나는 다시 한 번 내 실수를 깨달았다. 어떤 문제든 사람마다 생각이 다를 수밖에 없다. 그래! 의견을 하나로 모으기 힘들다고 다른 사람들의 의견을 무시한 채 내 마음대로 결정을 내리려고 해서는 안 된다. 그것은 분명 잘못된 생각이었다. 나는 얼굴이 화끈거렸다. 향기가 계속해서 말했다.

"난 민기가 아주 중요한 얘기를 했다고 생각해. 그래서 우리 모두는 정치적 태도를 가져야 해!"

"정치적 태도? 누나, 그게 뭔데요?"

"끊임없이 대화로 자신의 생각을 드러내는 걸 정치적 태도라고 해. 그렇게 해서 정치인들과 국민들이 대화로 공공의 문제를 해결해 나가는 게 바로 정치야."

역시 철민이가 말한 대로 정치를 잘하기란 여간 어려운 일이 아니었다. 자, 그럼 이제 어떻게 이 문제를 해결해야 할까? 바로 그때 내 머릿속에 좋은 생각이 떠올랐다.

"애들아, 우리 **정당**을 만들어 볼까?"

내 말에 아이들이 되물었다.

"정당?"

정치와 친해지기

＊정당

정당은 정치적인 생각이나 주장이 같은 사람들끼리 정권(정치를 담당하는 권력)을 잡고 정치를 하기 위해 모인 단체를 가리키는 말이에요. 정당을 만들어 활동하면 같은 생각을 가진 사람들의 의견을 모아 정치 활동을 할 수 있다는 장점이 있어요. 하지만 정당 사이의 지나친 권력 대립으로 정치적 불안이나 모순이 발생할 수도 있어요. 여당은 대통령이 나온 정당으로 대통령을 뒷받침하며 나라 운영을 하도록 도와요. 그리고 야당은 대통령과 여당을 감시하는 역할을 하고 있어요.

현재 정당은 나라마다 여러 개가 있어요. 전통과 안정을 중요시하는 보수당, 개혁과 발전을 중요시하는 진보당, 노동자들의 입장을 중요하게 생각하는 노동당, 환경을 중요하게 생각하는 녹색당 등이 바로 정당이에요.

"그래, 정치적 생각이 비슷한 사람끼리 모여서 만든 단체를 정당이라고 하잖아. 지금처럼 서로 자신의 의견만 주장하면서 왈가왈부해 봤자 아무 도움이 안 된다고 생각해. 비슷한 생각을 가진 사람들끼리 정당을 만든 다음, 체계적으로 의견을 내세우는 편이 더 좋겠어. 그러니까 한마음마트 근처로 본부를 옮기자고 주장하는 사람들끼리 모여 정당을 만들고, 주민 센터를 계속 본부로 쓰면서 탈출할 기회를 엿보자고 주장하는 사람끼리 모여 정당을 만드는 거야. 백지장도 맞들면 낫다고 혼자보다는 여럿이 힘을 합치면 뜻을 이루기가 쉽잖아."

"그래, 그거 좋겠다."

"저도 찬성이에요."

원탁이도 찬성했다.

"오호, 정말 좋은 생각이야."

당 이름은 음식당과 탈출당으로 정해졌다. 그때 철민이가 앞으로 나서며 말했다.

"그럼 나도 정당을 하나 만들어야겠는걸. 나는 검은 연기 괴물을 물리쳐야 한다고 생각하니까 '공격당'으로 해야겠군. 공격당? 어때?"

별 반응이 없자 철민이는 자신을 따르는 아이들을 둘러봤다. 그러자 광수와 쌍둥이 형제가 손뼉을 치며 환호했다.

"공격당 좋다!"

"좋아, 그럼 한마음마트 근처를 본부로 정하고 음식 문제를 해결하자고 주장하는 아이들은 '음식당', 주민 센터를 본부로 삼아 탈출의 기회를 엿봐야 한다고 주장하는 아이들은 '탈출당'. 그리고 검은 연기 괴물을 공격해서 물리치자고 생각하는 아이들은 '공격당'에 가입하면 돼."

"형, 전 음식당이든 탈출당이든 별로 가입하고 싶지 않은데요. 꼭 정당에 가입해야 하나요?"

도연이가 손을 번쩍 들고 물었다.

"물론 그렇지 않아. 꼭 어느 정당에 억지로 가입하지 않아도 상관없어."

"그럼 전 아무 정당에도 가입하지 않을래요."

"그래. 자, 그럼 음식당에 가입하고 싶은 사람은 원탁이 뒤로 가서 서고, 탈출당에 가입하고 싶은 아이들은 향기 뒤로, 공격당에 가입하고 싶은 사람은 철민이 뒤로 가서 서 봐."

아이들은 잠시 웅성거리며 주저하는 모습을 보였다. 하지만 곧 자기 자리를 찾아가기 시작했다.

"탈출당에 들어오는 아이들이 더 많아야 할 텐데……, 그래야……."

향기가 두 손을 모으고 기도를 하듯 중얼거렸다.

음식당에 가입한 아이들과 탈출당에 가입한 아이들은 공교롭게도 숫자가 똑같았다. 음식당은 42명이고, 탈출당도 42명이었다. 그리고 공격당은 광수와 쌍둥이 형제, 그리고 광수를 따르던 몇몇 거친 아이뿐이었다. 나머지 아이들은 아무 당에도 가입하지 않았다.

나는 손뼉을 쳐서 아이들의 주의를 환기시켰다.

"자, 이제 음식당, 탈출당, 공격당이 만들어졌으니까 앞으로 우리 모두를 위해 올바른 **정책**을 마련하고, 그 정책을 실현시키기 위해 열심히 노력해 봐. 그게 바로 정당이 있는 이유니까."

"정책, 무슨 정책?"

"음식당은 음식을 좀 더 효율적으로 공급할 수 있는 방법을 찾아내고, 탈출당은 우리가 신기루도시에서 탈출할 수 있는 방법을 찾으면 돼. 공격당은 어떻게 하면 검은 연기 괴물을 물리칠 수 있는지 그 방법을 찾고. 그게 바로 지금 세 정당이 실현시킬 수 있는 정책일거야."

＊정책

정치적인 목적을 실현하려고 어떤 일을 '왜' '어떻게' 하겠다고 정하는 걸 정책이라고 해요. "학생들을 위해 무상 급식을 실시하겠습니다." "세금을 줄이고, 복지 예산을 더 늘리겠습니다." 정당마다 추구하는 정책이 따로 있어요. 선거를 할 때는 어떤 정당이 어떤 정책을 내놓았는지 잘 보고 결정해야 해요.

내 뒤를 이어 향기가 각 정당에 가입한 아이들에게 말했다.

"정당마다 자기 생각을 드러내는 건 좋아. 그렇다고 자기주장만 내세우고, 다른 당이나 남의 말을 듣지 않는 건 좋은 태도일까?"

아이들은 일제히 고개를 가로저었다. 아이들은 분명 국회에서 소리치며 싸우는 각 정당의 국회의원들을 생각하고 있었으리라. 나 역시 서로의 정책을 비난하며 타협할 줄 모르는 원래 세계의 정치인들 모습이 떠올라 가슴이 답답했다. 꼭 그렇게 정치를 해야 할까? 겉으로는 국민을 위한다고 떠들어 대면서 아이만도 못한 행동을 하는 국회의원도 한둘이 아니다. 서로 조금씩 양보하며 대화와 타협을 하면 보다 나은 정치를 할 수 있을 텐데…….

향기가 계속해서 말했다.

"그래, 결코 좋은 태도가 아니겠지. 우리 모두는 내 생각이 소중하듯 다른 사람의 생각도 소중하다는 것을 알아야 해. 음식당, 탈출당, 공격당은 모두 생각이 달라서 앞으로 여러 문제로 대립할 수 있어. 이때 자기주장만 내세우거나 폭력을 쓰면 절대 안 돼. 조리 있는 말로 상대를 설득하려고 해야지. 언제나 대화와 토론이 가장 중요하다는 걸 꼭꼭 명심하자."

시민단체의 눈부신 활약

시민단체는 정당을 만든 바로 그다음 날 등장했다. 도연이와 채현이가 주민 센터 현관 앞에서 도화지를 들고 서 있었다. 도화지에는 다음과 같이 적혀 있었다.

〈주민 센터의 환경을 깨끗이 합시다!〉

〈아픈 아이들이 임시 대피소 안쪽에서 잘 수 있게 배려합시다!〉

"도연아, 채현아! 너희 지금 뭘 하니?"

나는 도화지를 앞뒤로 살피며 물었다.

"시민단체 활동을 해요."

"시민단체라니?"

"형은 시민단체도 모르세요? 여러 사회 문제에 자발적으로 참여하는 단체를 시민단체라고 하잖아요."

"자발적으로?"

"네. 저랑 채현이는 지금 자발적으로 시간을 내서 시민단체 활동을 하고 있어요."

도연이의 말을 채현이가 거들었다.

정치와 친해지기

＊시민단체

시민단체를 보통 NGO(non-governmental organization)라고 불러요. 비정부기구(정부가 아닌 조직)를 가리키는 말로 비영리 단체랍니다.

시민단체는 공동의 목표를 가진 개인들이 스스로 모여 집회(여러 사람이 어떤 목적을 위해 일시적으로 모임)나 시위(많은 사람이 공공연하게 의사를 표시하며 집회나 행진하며 위력을 나타내는 일), 여론 조성 등의 방법으로 시민들의 정치 참여를 유도하기도 하고, 자신들의 의견을 제도에 적극 반영해 달라고 요구하기도 해요. 시민단체 활동은 정치에 참여하는 가장 적극적인 방법이에요.

현재 세계적으로 많은 시민단체가 활동하고 있어요. 우리나라만 해도 시민들의 권리를 찾으려는 단체인 '참여연대', 소비자의 권리를 보장하기 위한 '녹색소비자연대', 환경을 지키는 '녹색연합', 교육 문제 해결을 위한 '참교육을 위한 전국 학부모회', 여성을 위한 '여성단체연합', 누리꾼들을 위한 '한국사이버감시단' 등이 있어요.

"원래 세계에서는 잘못된 사회 문제를 해결하거나 정치가 제대로 잘 되고 있는지 감시하려고 여러 사람이 시민단체를 만들어 활동하잖아요. 그래서 저희도 시민단체를 만들었어요."

아이들의 이야기에 나는 뒤통수를 한 대 얻어맞은 듯한 느낌이었다. 초등학교 저학년 때 내 꿈은 국회의원이었다. 하지만 시민단체 활동은 거의 알지 못했다. 아니, 사회 문제에 불평과 불만을 품은 적은 많았지만 적극적으로 나서서 해결을 해야 한다는 생각은 한 적이 없었다.

"여러분! 요즘 주민 센터의 환경이 점점 나빠지고 있습니다. 물론 지금 상황이 아주 안 좋습니다. 한마음마트에 있는 음식은 떨어져 가고, 검은 연기 괴물이 나타나서 우리를 위협하고 있지요. 하지만 그렇다고 해서 지저분한 주민 센터의 환경을 이대로 두고만 볼 수는 없습니다."

채현이의 말이 끝나자마자 약속이라도 한 듯 도연이가 바통을 이어받았다.

"맞습니다. 여러분! 임시 대피소는 우리가 잠을 자는 곳입니다. 너도 나도 신발을 신고 돌아다니는 바람에 임시 대피소의 환경이 몹시 더러워졌습니다. 그리고 아무도 청소를 하지 않으려고 합니다. 하루 빨리 주민 센터와 임시 대피소의 환경을 깨끗이 해야 합니다. 더러운 환경 때문에 요즘 감기 환자가 부쩍 늘었습니다."

"아픈 아이들이 임시 대피소 안쪽에서 잘 수 있게 배려합시다."

도연이와 채현이는 우리가 미처 신경 쓰지 못한 문제들을 아이들에게 알렸고, 그 해결책을 찾는 일을 함께하고 있었다.

몇몇 아이가 주민 센터 현관 앞에 모여 웅성거리자 금방 많은 아이가 몰려들었다. 그러자 도연이가 더 큰 목소리로 말했다.

"시민단체에 가입해 주세요."

"우리가 가입하면 도움이 되니?"

"당연하지요. 만화 영화를 보면 주인공 여럿이 합체를 하는 경우가 있잖아요. 그럼 하나일 때보다 훨씬 힘이 세지니까 단숨에 악당을 물리칠 수 있어요."

"맞아요. 가느다란 나무젓가락도 한 개면 반으로 꺾기 쉽지만, 한 움큼이 있으면 꺾기 힘들잖아요. 우리가 힘을 모으면 힘이 훨씬 세져요."

옆에서 듣던 원탁이가 화를 버럭 내며 말했다.

"야, 이 녀석들이 보자 보자 하니까! 그럼 신기루도시에서 정치를 하는 우리가 모두 악당이라는 말이야?"

원탁이는 씩씩거리며 도연이를 노려봤다. 그러자 도연이가 머리를 긁적이며 사과했다.

"미안해요, 형! 실감나게 비유하려다 보니까 그만……."

나는 원탁이를 진정시키며 아이들에게 물었다.

"그러니까 너희는 주민 센터의 환경 문제를 해결하고 나나 향기, 원탁이와 민기가 신기루도시에 갇힌 아이들을 잘 이끌어 가고 있는지 감시하고 평가하겠다는 말이지? 그래서 그런 일을 효과적으로 할 수 있는 시민단체를 만들어 우리가 잘못하는 일이 있으면 바로잡으려는 거고. 내 말이 맞니?"

"예, 선거로 대통령과 국회의원을 뽑았다고 국민이 해야 할 일이 끝난 건 아니잖아요? 국민은 항상 정치인들이 국민의 편에서 제대로 정치를 하고 있는지 관심을 가지고 지켜봐야 해요."

"맞아요, 정치인들이 사회 문제를 잘 해결하지 못하면 시민단체가 나서서 해결해야 해요."

잠시 뒤에, 나는 3층 회의실에서 긴급회의를 열었다. 민기, 원탁이, 향기가 참여했다.

"이번 회의는 시민단체 때문이야. 너희는 도연이와 채현이가 만든 시민단체를 어떻게 생각하니?"

내 말에 원탁이가 발끈했다.

"아이들의 장난에 불과하지 뭐. 지금 그런 걸 따질 때야? 당장 내일 어떻게 될지도 모르는데, 뭐? 주민 센터의 환경을 깨끗하게 해야 한다고? 그리고 우리가 정치를 제대로 하는지 감시한다니, 나 원 참! 어이가 없어서……. 그냥 무시해 버리자."

하지만 향기와 민기는 원탁이와 생각이 달랐다.

"내 생각은 좀 달라. 너희도 다 알겠지만 정치는 다 함께 잘사는 사회를 만들려고 노력하는 일이야. 그런데 간혹 정치가 엉뚱한 방향으로 갈 때가 있어. 이럴 때 시민들이 자발적으로 참여해 잘못된 문제를 바로잡으려는 노력이 바로 시민단체 활동이야. 물론 원탁이 말대로 지금 상황이 안 좋기는 해. 하지만 그렇다고 해서 시민단체 아이들의 의견을 무시하는 건 올바른 정치인이 할 일이 아니라고 생각해."

민기도 향기의 말에 동의했다.

"제 생각도 그래요. 사실 주민 센터의 환경 문제나 임시 대피소 안에 아픈 아이들을 위한 공간을 만드는 것 등은 원래 우리가 아이들을 위해 먼저 생각하고 해결해야 했던 일이에요. 우리가 찾아내지 못한 문제점을 시민단체가 찾아내서 알려 주었잖아요. 비록 자잘한 문제들이라도 저는 긍정적으로 받아들여서 해결책을 찾아야 한다고 생각해요."

나는 향기와 민기의 말을 귀 기울여 들었다.

"향기와 민기의 말이 옳아. 시민단체 아이들은 스스로 정치에 참여하고 우리가 미처 신경 쓰지 못했던 문제를 찾아냈어. 아이들의 의견을 받아들여 새로운 법을 만들어야겠어."

내가 향기와 민기의 편을 들자 원탁이가 반대를 하고 나섰다.

"난 좀 더 두고 봐야 한다고 생각해. 도연이와 채현이가 자기들의 **이익을 위해 만든 단체**인줄 어떻게 아냐고?"

원탁이의 말도 일리가 있었다. 우리는 최종 결정을 내리기 전에 잠시 아이들의 모습을 지켜보기로 했다.

도연이와 채현이는 꽤 진지하게 시민단체 활동을 하고 있었다. 그사이에 적지 않은 아이들이 시민단체에 가입했다.

"여러분! 임시 대피소 안에서 신발을 벗고 다니는 일은 어렵지 않습니다. 마음만 먹으면 누구나 쉽게 할 수 있습니다."

*이익 단체

이익 단체는 집단이나 조직의 이익을 위해 활동하는 단체예요. 자신들의 이익을 위해 같은 생각을 가진 사람끼리 만든 단체로 노동조합, 종교 단체 등이 있지요. 시민단체도 공동의 이익을 얻기 위해 활동한다는 점에서는 이익 단체에 속한다고 볼 수 있어요. 하지만 사회 문제를 해결하고 개인의 이익을 추구하지 않는 점에서 자신들의 이익만을 추구하는 이익 단체와는 달라요. 이익 단체는 시위나 집회 등을 통해 정부의 정책 결정에 영향을 주곤 해요.

"화장실 청소 당번을 정해서 화장실 청소를 해야 합니다."

시민단체는 그 밖에 여러 가지 환경 문제를 지적했다.

그날 오후, 시민단체의 활동은 금방 효과를 드러냈다. 많은 아이가 임시 대피소 안으로 들어갈 때는 신발을 벗었다. 아이들끼리 청소 당번을 정했는지 화장실을 청소하고 구석구석 걸레질도 했다. 주민 센터의 환경은 눈에 띄게 깨끗해졌다.

아이들은 아픈 아이들을 위한 공간도 마련해 놓았다. 임시 대피소 가장 안쪽에 '아픈 아이들을 위한 공간'이라고 쓴 푯말을 세우고 아이들이 쉴 수 있도록 했다.

그날 저녁, 우리는 시민단체 문제로 다시 회의를 열었다. 먼저 향기가 말했다.

"나는 시민단체 아이들의 의견을 받아들여 새로운 법을 만들어야 한다고 생각해."

"향기야, 지금 한가하게 그런 법을 만들고 있을 때가 아니라니까."

원탁이는 끝까지 반대했다. 하지만 향기 역시 물러서지 않았다.

"원탁아, 내 생각에는 이렇게 힘든 때일수록 아이들의 의견에 더 귀를 기울여야 한다고 생각해. 원래 세계에서도 시민단체가 활발히 활동해서 새로운 법이 만들어지기도 하고, 정부의 정책이 바뀌기도 하잖아. 아이들의 의견을 폭넓게 받아들여서 신기루도시를 조금이라도 더 살기 좋은 곳으로 만드는 일 또한 우리 정치인이 해야 하는 일이야."

잠시 뒤, 주민 센터 게시판에는 새로운 법이 만들어졌다는 공고문이 붙었다.

신기루도시 법

제4조 환경에 대한 법
 1항: 임시 대피소 안에서는 누구나 신발을 벗어야 한다.
 2항: 번갈아 가며 날마다 화장실을 청소하고 걸레질을 한다.

제5조 아픈 아이들을 위한 법
 1항: 임시 대피소 안쪽에 아픈 아이들을 위한 공간을 따로 마련한다.
 2항: 그 공간은 아픈 아이들만 이용할 수 있다.

아이들은 모두 반기는 얼굴이었다. 그 모습을 보니 내 기분도 훨씬 좋아졌다. 다 함께 행복하게 잘사는 사회를 만들려는 노력이 곧 정치라는 사실이 새삼 실감났다.

시민단체의 활동을 보며 정치는 정치가만 하는 일이 아니라는 생각이

들었다. 정치가는 국민의 대표로 선택되어 전문적으로 정치를 하는 사람일 뿐이다. "부정부패가 판치는 싸움판이 정치야." "난 그래서 정치가 싫어. 관심도 없어."라고 말하며 정치에 적극적으로 참여하지 않는 사람이 많다. 우리 아빠만 해도 그렇다. 사실 나도 신기루도시에 갇히기 전에는 그런 생각을 가지고 있었다.

하지만 지금은 다르다. 모든 문제를 정치가들의 탓으로만 돌릴 수는 없다. 정작 자신은 정치에 참여하지도 않고 정치가 잘못되었다고 비판만 하는 행동이야말로 잘못이 아닐까? 국민의 권리와 의무를 포기하는 게 아닐까? 국민은 신문, 잡지, 인터넷 등을 통해 자신의 정치적 의견을 말하거나, 정부의 정책을 비판할 수 있다. 도연이나 채현이처럼 시민단체를 만들거나, 시민단체에 가입해서 적극적으로 정치에 참여할 수도 있다. 이렇게 정치에 참여할 방법이 많은데, 귀찮다고 참여하지 않고 정부 정책에 불만만 늘어놓는 건 자기 권리뿐만 아니라 정치를 이야기할 자격 자체를 포기하는 일이 아닐까?

신기루도시를 탈출하라!

우리는 정당과 시민단체를 만든 다음, 신기루도시의 문제를 해결하려고 고민을 거듭했다. 하지만 좋은 해결책을 찾기는커녕 벌써 며칠째 제대로 된 음식을 공급받지 못하고 있었다. 검은 연기 괴물이 나타나는 곳을 피해 학교 뒷문 쪽으로 돌아 한마음마트로 가려고 했지만 번번이 실패했다. 어떻게 알았는지 검은 연기 괴물이 그곳에도 나타났기 때문이다. 무슨 이유인지 검은 연기 괴물이 주민 센터와 한마음마트 사이를 떡하니 가로막고 있는 게 분명했다.

그렇다고 이대로 무작정 굶고 있을 수만은 없는 노릇이었다. 아무도 나서려고 하지 않았기 때문에 원탁이와 나는 둘이서 한마음마트로 음식을 가지러 가기로 했다. 막 상황실을 나서려고 할 때였다.

"나도 갈게. 이거 받아."

향기가 따라나서며 야광 팔찌와 야광 막대, 손전등을 우리 품에 안겼다.

"이, 이건 뭐야?"

"검은 연기 괴물은 불빛을 싫어하잖아."

"이걸로 검은 연기 괴물을 막을 수 있을까?"

"글쎄, 확신할 수는 없지만……. 없는 것보다는 낫지 않겠어?"

우리는 몸에 야광 막대와 야광 팔찌를 두른 채 손전등을 들고 주민 센터를 나섰다.

아……, 정말이지 그날 신기루도시에서 있었던 일은 아마 내 평생 잊지 못할 것 같다.

신기루도시는 하루 24시간 내내 짙은 안개가 끼어 있다. 우리가 주민 센터를 나섰을 때도 사방이 뿌연 안개로 뒤덮여 있었다. 그것도 평범한 안개가 아니었다. 원탁이가 정확하게 다섯 발자국을 앞서가자 원탁이의 등이 보이지 않았다. 마치 하얀 벽이 우리를 빙 둘러싸고 있는 착각이 들 정도였다. 솔직히 엄청 무서웠지만 꾹 참고 한 발 한 발 앞으로 나갔다.

다행히 한마음마트에 도착할 때까지 아무 일도 일어나지 않았다. 우리는 열쇠로 한마음마트의 문을 열고 안으로 들어갔다. 한마음마트에는 음식이 눈에 띄게 줄어 있었다. 대략 일주일 정도면 음식이 다 떨어질 것 같았다. 음식이 다 떨어지면 어떻게 해야 할까?

 우리는 각자 가지고 간 배낭 안에 최대한 음식을 담고 서둘러 주민 센터로 발걸음을 옮겼다. 우리가 막 학교 정문 앞을 지날 때였다. 어디선가 타닥타닥 소리가 들렸다. 나는 화들짝 놀라며 원탁이에게 물었다.

 "원탁아, 무슨 소리 안 들려?"

 "아니."

 다시 한 번 귀를 기울이자 아무 소리도 들리지 않았다.

 "이상하다. 분명 타닥타닥 소리가 들렸는데."

 "긴장 풀어. 준수야."

 그런데 향기의 말이 끝나자마자 타닥타닥 소리가 들려왔다. 소리는 점점 가까워졌다. 우리는 서로 얼굴을 마주보았다. 원탁이의 얼굴이 백지장처럼 창백해졌다.

 "뛰, 뛰자!"

 우리는 서로 경쟁하듯이 가로등이 있는 쪽으로 힘껏 뛰었다. 소리로 봐서 검은 연기 괴물은 점점 빠른 속도로 우리를 향해 다가오고 있었다!

 "준수야, 원탁아, 손전등!"

 원탁이와 나는 손전등을 켜서 검은 연기 괴물을 향해 비추었다. 그러자 안개 속에서 스멀스멀 움직이던 검은 연기 괴물이 딱 멈추었다.

눈에 보이지는 않았지만 검은 연기 괴물은 잔뜩 약이 올라 있는 것 같았다. 검은 연기 괴물의 거친 숨소리가 바로 곁에서 들리는 듯했다. 만약 검은 연기 괴물이 살아 있는 생명체라면 말이다.

그 뒤에 우리가 어떻게 주민 센터까지 왔는지 전혀 기억이 나지 않는다.

"꼴좋다. 검은 연기 괴물에게서 아이들을 지킨다더니 냅다 도망쳐 오는 꼴이라니."

"쯧쯧, 저렇게 나약해서야. 검은 연기 괴물은 불빛을 무서워하는 것 같던데, 뭘 그렇게 겁먹고 걸음아 날 살려라 도망치냐? 불빛으로 물리치면 되지."

"겁쟁이들."

얼마나 긴장했던지 철민이와 공격당 아이들이 주민 센터 현관 앞에 앉아 야유를 퍼붓는 소리도 귀에 들리지 않았다. 그때 이 모습을 지켜보던 저학년 아이들이 철민이와 공격당 아이들을 향해 들으라는 듯 말했다.

"준수 오빠는 한마음마트에서 음식을 가져오느라 저렇게 애쓰는데 공격당원들은 도대체 뭘 하는 거야."

"맞아. 철민이 형은 어려운 일은 우리에게 떠넘기기만 했어. 자기는 손가락 하나 까닥하지 않으면서 말이야."

그 순간, 철민이의 얼굴이 딱딱하게 굳어졌다.

신기루도시에 갇힌 지 벌써 한 달이 되었다. 간신히 가져온 음식도 다 떨어져 버리고 없었다. 하지만 여전히 각 정당에 속한 아이들은 저마다 자기주장이 옳다고 목소리를 높이고만 있었다.

"하루라도 빨리 신기루도시를 탈출해야 해."

"언제 탈출을 할 수 있는데? 일단 음식을 먹어야 탈출할 때까지 버틸 수 있잖아."

"한심한 것들. 검은 연기 괴물 따위는 손전등 몇 개만 있으면 물리칠 수 있다니까!"

정당마다 한 발자국도 물러서지 않고 서로의 의견을 내세웠다. 나는 아이들이 정당에 상관없이 모두 협력하지 않으면 이 위기를 벗어날 수 없다고 생각했다.

"얘들아, 내 얘기 좀 들어 봐. 모두 알다시피 우리는 큰 위기에 빠졌어. 우리 모두가 협력해야 이 위기를 벗어날 수 있어. 우선 모두 마음을 열고 정당마다의 의견을 좀 더 구체적으로 들어 보자. 지금 우리에게는 대화와 타협이 필요해. 계속해서 서로 자기주장만 옳다고 고집해 봤자 아무 의미가 없어. 자, 그럼 먼저 탈출당의 이야기를 들어 보자. 향기가 대표로 탈출당 아이들의 생각을 얘기해 줘."

향기가 자리에서 일어나 앞으로 나왔다.

"우리는 그동안 신기루도시를 탈출할 수 있는 방법을 연구해 왔어."

"어떻게?"

"우리 탈출당 아이들은 며칠 전부터 교대로 구름다리가 나타났던 곳 앞에서 보초를 서고 있어. 신기루도시는 24시간 내내 안개가 끼지만 항상 똑같지는 않아. 아침에는 안개가 짙지만 점심 무렵에는 좀 옅어져. 어제 점심에는 구름다리가 안개 사이로 잠깐 나타났다 사라지는 걸 확인했어. 아마 주민 센터에서 보초를 서는 아이들은 보지 못했을 거야."

"뭐라고, 정말?"

나도 모르게 자리에서 벌떡 일어났다. 다른 아이들도 눈을 동그랗게 뜨고 향기를 바라봤다.

"확실해?"

"응. 내 눈으로 직접 확인했어."

"그럼 구름다리가 다시 나타날 확률이 있어?"

"확실하지 않지만 안개가 옅어지는 점심 무렵에 구름다리가 다시 나타날 확률이 가장 높다고 생각해."

"음, 좋아! 그럼 내가 이 호루라기를 줄게. 만약 구름다리가 다시 나타나면 호루라기를 불어. 호루라기 소리를 들으면 모두 구름다리가 있던 곳으로 모이자. 알았지?"

"그거 좋은 생각이에요."

민기가 손뼉을 치며 말했다.

"이것 봐. 서로 마음을 열고 대화를 하니까 해결책이 나오잖아. 아까처럼 계속 자기주장만 내세우는 건 어리석은 사람들이나 하는 짓이야."

"하지만 구름다리가 오늘 나타날지, 내일 나타날지 알 수 없잖아. 그때까지 이대로 마냥 굶을 수는 없어."

원탁이가 심각한 표정으로 말했다.

"우리 음식당 아이들은 음식을 주민 센터로 한꺼번에 가져오는 방법을 연구했어."

"어떻게 가져오려고?"

"카트를 이용하려고 해."

"카트? 한마음마트에는 카트가 없잖아."

"그래서 우리가 직접 카트를 만들었어. 그 카트를 이용하면 음식을 다 가져올 수 있을 거야."

"음식당에서도 나름대로 많은 생각을 하고 있었구나."

"그렇다니까. 일단 먹고 살아야 하잖아."

역시 차분히 둘러앉아 모두 함께 대화하기를 잘했다. 하지만 문제는 역시 검은 연기 괴물이었다. 카트가 있다고 해도 검은 연기 괴물이 한마음마트로 가는 길을 떡하니 가로막고 있으니, 대체 이 일을 어떻게 해결해야 할까?

바로 그때 철민이가 나섰다.

"준수야, 검은 연기 괴물은 어떻게 할래?"

철민이가 벽에 기댄 채 팔짱을 끼고 물었다. 그 옆에 쌍둥이 형제와 광수는 불량스러운 자세로 서서 불만이 가득한 표정을 하고 있었다.

"글쎄……, 그게……."

내가 말을 잇지 못하자 철민이가 대답했다.

"한마음마트에서 음식을 가져오려면 어쨌든 검은 연기 괴물과 맞서야 하잖아."

"물론 그렇지."

"그런데 과연 누가 검은 연기 괴물을 물리치러 손전등을 들고 밖으로 나갈까?"

솔직히 나도 그게 걱정이었다. 어느 누가 목숨을 걸고 검은 연기 괴물과 맞서 싸우려고 하겠는가? 나는 마음을 굳게 먹고 말했다.

"그건……, 내가 하려고 해!"

철민이의 눈이 동그래졌다.

"뭐? 준수 네가 또?"

"난 신기루도시에 갇힌 아이들을 이끌어 나가는 리더야. 아이들을 안전하게 지킬 의무가 있어. 그러니까 당연히 내가 가장 위험한 일을 맡아야지."

"어쭈, 준수 너 제법이다. 법과 정당을 만들고, 시민단체의 주장을 받아들이지를 않나, 검은 연기 괴물에 맞서 싸울 생각도 하고……."

철민이가 눈썹을 살짝 치켜올리며 말했다. 하지만 왠지 빈정거리는 말로는 들리지 않았다.

"철민아, 너…… 지금 날 칭찬했니?"

"왜 싫어?"

"아니, 그게 아니라 난 네가 나한테 불만이 많은 줄 알았는데……."

"당연히 불만이 많았지. 그런데 생각이 좀 바뀌었다고나 할까?"

철민이는 잠시 생각에 잠기더니 이내 침묵을 깨고 내 귀를 의심할 만한 말을 했다.

"검은 연기 괴물과 맞서 싸우는 일은 너무 위험해. 너 혼자 제대로 해낼 리가 없어. 지난번에도 거의 잡아먹힐 뻔했잖아. 내가 같이 가서 잘

하는지 지켜봐야겠다."

나는 어안이 벙벙한 얼굴로 철민이를 바라봤다.

"철민아, 너 지금 나와 함께 검은 연기 괴물과 맞서겠다고 말했니?"

"뭐, 굳이 말하자면 그런 셈이지. 어쨌든 우리는 공격당이니까. 그리고 이 지긋지긋한 신기루도시를 탈출해야 집으로 돌아갈 수 있잖아. 강철이, 강민이, 광수 너희도 함께 갈 거지?"

"응? 그, 그래! 우, 우리도 도울게."

"신기루도시를 탈출할 수만 있다면야······."

쌍둥이 형제와 광수는 억지 웃음을 띠며 고개를 끄덕였다.

나는 그날 신기루도시에 갇힌 아이들 모두를 위해 최고의 결정을 했다. 그리고 처음으로 제대로 된 정치를 하고 있다는 생각이 들었다.

"좋아! 우리 모두가 협력하면 이 위기를 극복해 낼 수 있어. 지금 시간은 오후 12시야. 탈출당은 지금부터 구름다리가 나타나는 곳에서 보초를 서고, 구름다리가 나타나면 호루라기를 불어. 나머지 아이들은 주민 센터 현관 근처에서 신호를 기다리고."

아이들이 결의에 찬 표정으로 고개를 끄덕였다.

"그리고 음식당과 공격당은 나와 함께 한마음마트로 간다. 음식당은 한마음마트에 도착하면 최대한 빨리 카트에 음식을 담고, 공격당은 음식당이 음식을 안전하게 옮길 수 있도록 검은 연기 괴물에게서 음식당 아이들을 지켜 줘."

출발하기 전, 나는 철민이에게 손전등을 건네며 말했다.

"고맙다, 철민아! 함께해 줘서……."

내가 물끄러미 철민이의 눈을 바라보자 철민이가 먼저 말을 꺼냈다.

"그렇게 감동한 표정 지을 필요 없어. 그동안 네가 대화로 아이들을 이끌어 가는 모습을 보니 여러 가지 생각이 들더라. 아이들이 널 따르는 모습에 질투가 났던 것도 사실이고."

철민이는 잠시 말을 끊었다가 다시 이었다.

"인정하긴 싫지만……, 내 방식이 잘못됐다는 걸 어느 정도 깨달았다고 해두자. 그나저나 너야말로 리더를 해 보니까 어때?"

"솔직히 리더를 하면서 네 입장을 좀 이해할 수 있었어. 정말 네 말처럼 생각보다 쉽지 않더라. 나도 처음에는 마음이 급해서 내 멋대로 결정을 내리려고 했어. 다행히 향기와 원탁이, 민기가 도와줘서 지금껏 이끌어 올 수 있었어."

"준수 네가 그렇게 말하니 어쩐지 미안한 마음이 드네."

철민이가 머쓱한 표정을 짓더니 손을 내밀었다. 나는 힘주어 철민이와 악수했다. 그리고 쌍둥이 형제, 광수에게도 손전등을 나눠 주며 말했다.

"내가 신호를 보내면 일제히 손전등을 검은 연기 괴물 쪽으로 향하고 스위치를 눌러 줘. 너희만 믿을게."

쌍둥이 형제와 광수는 아무 대꾸 없이 고개만 끄덕였다.

"아, 그리고 민기는 구름다리가 나타날 때를 대비해서 주민 센터 정문 앞에 대기하고 있어. 만약 호루라기 소리가 들리면 아이들을 모두 구름다리 쪽으로 이동시켜 줘."

"걱정하지 마세요. 형!"

민기는 언제나처럼 씩씩하게 대답했다.

나와 철민이를 비롯해 공격당 아이들과 음식당 아이들은 한마음 마트로 갈 준비를 서둘렀다.

"혹시 모르니까 야광 막대와 야광 팔찌를 최대한 몸에 많이 두르자."

나는 야광 막대 3개를 목에 걸고 야광 팔찌를 양 팔에 각각 5개씩 찼다. 거울에 비친 내 모습은 마치 피에로 같았다. 하지만 웃을 수가 없었다. 야광 막대나 야광 팔찌가 꺼지면 목숨을 잃을 수도 있다는 생각이 들자 얼굴 근육이 딱딱하게 굳었다. 철민이, 쌍둥이 형제, 광수도 나와 크게 다르지 않은 것 같았다.

우리는 각자 손전등을 들고 문을 나섰다. 주민 센터 밖은 여전히 안개가 짙게 깔려 있었다. 습기 때문에 옷이 금방 눅눅해졌다.

한마음마트에서 음식을 카트에 담을 때까지는 아무 문제가 없었다. 음식당 아이들은 한마음마트 안에 있는 음식물을 몽땅 카트에 담았다. 그리고 우리는 양쪽 끝에서 카트를 끌고 가는 음식당 아이들을 보호하며 걸었다.

학교 근처에 가까이 왔을 때였다. 원탁이가 불안한 목소리로 말했다.

"으……, 준수야, 뭔가 좀 으스스하지 않냐?"

그때 철민이가 소리쳤다.

"준수야, 뒤를 조심해!"

나는 본능적으로 느낄 수 있었다. 등 뒤로 뭔가 차가운 기운이 스멀스멀 다가왔다. 나는 서부 영화 속의 주인공이 번개처럼 총을 뽑듯 재빨리 손전등을 등 뒤로 비추며 소리쳤다.

"얘들아, 지금이야. 손전등을 켜!"

내 말에 공격당 아이들은 일제히 손전등을 켜서 검은 연기 괴물 쪽을 비추었다. 그러자 차가운 기운이 멈췄다.

"준수야, 위험했어. 조심해."

철민이가 손을 내밀어 나를 끌어당겨 주었다.

"애들아, 흩어지지 말고 한곳으로 모이자."

나는 정신을 똑바로 차리고 아이들에게 손짓을 했다. 그렇게 얼마나 있었을까?

"들리니?"

"뭐가?"

"타닥타닥하는 그 기분 나쁜 소리 말이야."

"아니."

"검은 연기 괴물이 물러갔을까?"

"글쎄……."

그때 갑자기 '펑!' 하는 소리와 함께 가로등 불빛이 꺼져 버렸다.

"가로등 불빛이 꺼졌어!"

잠시 뒤, 가로등 불빛이 또 하나 꺼졌다. 이어서 다른 가로등 불빛들도 도미노처럼 차례차례 꺼지기 시작했다. 가로등 하나가 꺼지는 데 걸리는 시간은 5분이 채 안 되는 것 같았다.

"거, 거, 검은 연기 괴물이 어떻게 가로등 불빛을 꺼 버릴 수 있지?"

원탁이의 말에 철민이는 약간 짜증 섞인 목소리로 대답했다.

"야! 지금 그게 중요하냐? 빨리 도망치자."

우리는 최대한 빨리 주민 센터로 도망쳤다. 진짜 우리가 어떻게 주민

센터까지 왔는지 기억이 나지 않는다. 정신이 하나도 없었다. 원탁이가 당황한 목소리로 말했다.

"애들아, 검은 연기 괴물이 가로등의 불빛을 꺼 버릴 수 있을 정도로 힘이 세졌나 봐. 내 생각에는 주민 센터의 지하 창고로 피하는 게 안전하겠어."

그러자 향기가 말했다.

"지하 창고라고 검은 연기 괴물이 못 오겠어? 최대한 빨리 주민 센터에서 탈출해야 해. 검은 연기 괴물은 분명히 우리가 있는 주민 센터를 노리고 있어."

향기와 원탁이, 과연 어느 쪽의 말이 옳을까? 다른 아이들도 의견이 분분했다.

"준수 형, 그냥 안개 속으로 멀리 도망쳐요."

"우리가 힘을 모아서 검은 연기 괴물을 물리치면 되잖아요."

우리는 최대한 빨리 해결책을 찾아내야 했다. 지금 이 순간의 판단에 따라 모두의 목숨이 왔다 갔다 한다고 생각하니 등줄기에서 식은땀이 흘렀다. 바로 그때, 또 '펑!' 하는 소리가 들려왔다.

"준수 형, 빨리요. 벌써 일곱 번째 가로등까지 꺼져 버렸어요."

주민 센터 옆 국기 게양대에서 보초를 서고 있던 민기가 소리쳤다.

"애들아, 충분히 대화해서 가장 좋은 대책을 세우면 좋겠지만 아무래도 이번에는 긴 토론을 할 시간이 없겠어. 그래서 말인데……, 지금까지 나온 의견은 크게 두 가지로 나뉘어져. 하나는 주민 센터에 그냥 숨어 있자는 의견이고, 또 하나는 도망을 치자는 의견이야. 지금 우리는 이 두 가지 의견 중에 하나를 선택해야 해."

"준수야, 네가 빨리 결정해. 지금 다른 아이들의 의견에 귀 기울이고 있을 때가 아니야."

원탁이가 발을 동동 구르며 재촉했다.

"아니! 원탁아. 상황이 급박할수록 나와 다른 생각을 받아들이고, 최선의 결정을 내려야 해. 그게 바로 올바른 정치가 아닐까? 자, 우리 모두 손을 들어 다수결로 결정하자."

결과는 도망을 치자는 의견이 압도적으로 많았다.

"솔직히 나는 주민 센터에 남는 게 더 현명한 방법이라고 생각했어. 하지만 너희 생각이 그렇다면 모두의 의견을 따를게. 좋아, 모두 도망치자!"

아이들 대부분이 동의의 표시로 고개를 끄덕였다.

바로 그때였다. 기적처럼 호루라기 소리가 또렷이 들려 왔다! 처음에는 내 귀를 의심했다. 하지만 호루라기 소리가 분명했다.

"구름다리가 다시 나타났나 봐. 애들아, 서둘러!"

우리는 모두 구름다리가 있었던 곳으로 뛰었다. 거짓말처럼 구름다리가 점점 뚜렷하게 나타나고 있었다.

"자, 모두 빨리 구름다리를 건너!"

내가 다급하게 손뼉을 치며 재촉하자 아이들은 '와!' 소리를 지르며 구름다리 쪽으로 달려 나갔다. 검은 연기 괴물은 어느새 주민 센터 앞의 가로등 불빛마저 삼켜 버렸다. 그사이 아이들은 구름다리를 무사히 건넜다. 나는 가끔 생각하고는 한다. 만약 그때, 내가 아이들에게 의견을 묻지 않고 내 멋대로 판단했다면 어떻게 되었을까?

마침내 우리는 극적으로 신기루도시에서 탈출했다.

"부모님이 많이 걱정하셨겠지?"

원탁이의 말에 아이들은 각자 집을 향해 뛰었다.

"맞아, 빨리 집에 가 봐야겠다."

"애들아, 잘 가."

"준수 형, 향기 누나, 학교에서 봐요."

나와 향기, 원탁이와 철민이는 잠시 다리 위에 서 있다가 아이들이 모두 집으로 돌아간 다음에 다리를 건너기 시작했다.

그때 향기가 다리 건너편을 가리키며 말했다.

"어? 얘들아, 저기 좀 봐. 선거 현수막이 그대로야. 선거 현수막은 선거가 끝나면 바로 떼지 않니? 강변에는 아직도 관광객들이 몰려 있고. 이상해……. 마치 우리가 신기루도시로 들어가던 바로 그날 같아."

"에이, 말도 안 되는 소리! 향기야, 너 신기루도시에서 이상한 일을 많이 겪더니 머리가 어떻게 된 거 아니야?"

원탁이의 말에 향기는 머리를 끄덕였다.

"하긴, 그럴 리가 없지."

우리가 다리를 거의 다 건넜을 때였다.

"이, 이, 이거……."

그제야 원탁이도 뭔가 좀 이상하다는 것을 느낀 것 같았다. 그랬다. 이건 분명 한 달 전 우리가 유령도시에 갇히기 전에 다리에서 본 풍경이다. 그때도 다리 옆에는 '기호 1번 열심히 하겠습니다.'라고 쓴 현수막이 바람에 펄럭였고, 투표소 앞에 투표를 하러온 사람들이 긴 줄을 만들고 있었다. 그런데 그 장면이 지금 똑같이 연출된 것이다.

"아주머니, 말씀 좀 여쭤 볼게요."

향기가 한 아주머니에게 물었다.

"오늘이 며칠이지요?"

"오늘? 오늘은 국회의원 선거가 있는 4월 11일이잖아. 그런데 왜

그러니? 무슨 일이 있니?"

"아, 아니요. 그런데 지금 몇 시예요?"

"오후 1시 5분이구나."

우리는 한동안 아무 말 없이 서로의 얼굴을 바라보았다. 가장 먼저 철민이가 입을 뗐다.

"신기루도시와 우리가 사는 원래 세계는 시간이 다르게 흐르나 봐. 우리는 분명 신기루도시에서 한 달이나 있었는데, 원래 세계에서는 겨우 3시간밖에 안 지났잖아."

"믿, 믿을 수가 없어."

"만화 영화에나 나올 법한 일을 우리가 직접 겪다니……."

우리는 다리 난간에 기대어 멍하니 신기루도시를 바라봤다. 신기루도시는 한 달 전……, 아니 3시간 전의 모습 그대로 강 건너에 자리하고 있었다. 마치 아무 일도 없었다는 듯이.

"일단 각자 집으로 돌아가자."

향기가 우리를 돌아보며 말했다.

"그래, 그게 좋겠다."

"준수야, 그동안 정말 고생했다. 네 덕분에 많이 배웠다."

철민이가 내 앞에 서며 말했다.

"아니야, 철민아! 마지막에 네가 도와주지 않았다면 아이들을 모두 무사히 탈출시키지 못했을 거야. 우리 지난 일은 다 잊어버리자."

나는 진심을 담아 다시 한 번 철민이에게 악수를 청했다. 철민이는 환하게 웃으며 내 손을 잡았다. 나는 철민이, 향기, 원탁이가 각자 집으로 돌아가는 모습을 보며 손을 흔들어 주었다.

얼마 뒤, 두근거리는 마음으로 대문을 열고 집 안으로 들어갔다.

'엄마 아빠는 내가 죽었다고 생각할지도 몰라…….'

지금 생각하면 그때까지도 나는 아직 우리가 사는 세계의 시간에 적응하지 못하고 있었다. 3시간 정도밖에 시간이 지나지 않았다는 사실이 전혀 실감나지 않았다.

"엄마, 아빠!"

엄마 아빠를 보자 참았던 눈물이 왈칵 쏟아져 나왔다. 엄마 아빠는 잠시 나를 안고 어쩔 줄 몰라 하셨다.

"준수야, 왜 그러니? 밖에서 친구들이랑 싸웠니?"

"아니요."

"그런데 왜 그래? 너 오늘 좀 이상하구나."

"나중에 말씀드릴게요."

나는 활짝 웃으며 눈물을 훔쳤다.

"그런데 아직 투표 안 하셨어요?"

"아빠가 저렇게 게으름을 피우잖아. 아 글쎄, 투표를 안 하고 낚시를 가겠다지 뭐니?"

"아직 그 문제로 싸우고 계세요?"

"준수야, 너도 오늘 아빠 따라서 낚시나 가자. 오늘은 임시 공휴일이잖니."

그러고 보니 아빠는 이미 낚시 복장을 챙겨 입고 계셨다.

"아빠! 투표를 꼭 하셔야지요! 민주주의 국가에서 투표는 국민의 권리이자 의무예요. 마땅히 국민은 투표로 자신의 뜻을 밝혀야 해요."

내 말에 엄마 아빠는 눈을 동그랗게 뜨고 나를 바라봤다.

"준수야, 너 왜 갑자기 생각을 바꿨니? 우리 준수, 아빠 편이 아니었던가? 너도 정치인들을 싫어하잖아."

"아빠, 정치는 사회 질서를 유지하기 위해 많은 일을 해요."

나는 조곤조곤 이야기하기 시작했다. 누가 보면 마치 내가 아빠를 타이르는 듯이 보였겠지.

"그리고 정치는 우리 삶에 꼭 필요한 일이에요. 정치가 없으면 이 사회는 큰 혼란에 빠질 테니까요. 그래서 국민은 대통령, 국회의원, 시의

원 등을 잘 뽑아야 하고, 국민이 뽑아 준 정치인들은 국민 모두를 위해 올바른 정치를 해야 해요."

"준수야, 불과 3시간 전에 네가 그랬잖아. 싸움만 하는 정치인들은 싫다고."

"그랬지요. 하지만 정치를 하다 보면 싸움이 필요할 때가 있어요. 어쩌면 정치는 싸움을 하며 해야 할지도 몰라요. 서로의 생각이 다르니까요. 다만 주먹다짐이 아니라 말싸움을 해야 한다고 생각해요. 자기가 잘났다고 싸우는 게 아니라 무엇이 국민을 행복하게 해 주는지를 두고 자기주장을 펼치고 상대방을 설득해야지요. 정치는 끊임없는 대화와 타협을 통해 나와 다른 생각을 받아들이고 남을 이해하며 더불어 사는 세상을 만들어 가는 일이니까요."

내 말이 끝나자 엄마 아빠는 나를 마치 외계인 보듯 했다.

"준수야, 너 갑자기 왜 이렇게 변했니? 갑자기 어른이 다 되었네. 말투도 어른스럽고."

"그러게, 우리 준수가 정치를 이렇게 깊이 있게 이해하고 있을지는 꿈에도 몰랐는데. 너 도대체 무슨 일이 있었니? 완전히 다른 사람이 된 것 같구나."

잠시 후, 투표소로 향하는 엄마 아빠를 보며 나는 우리 모두가 정치에 관심을 가져야 한다고 생각했다. 신기루도시에서 보낸 나날은 정말 지옥 같았다. 하루 빨리 신기루도시를 벗어나기만을 바랐다. 하지만 신기루도시에서 여러 일을 겪으면서 나는 정치가 무엇이지, 우리에게 왜 필요한지, 올바른 정치가 무엇인지를 조금씩 깨달을 수 있었다.

  만약 우리가 스스로 정치를 하지 않았다면, 지금쯤 우리는 어떻게 되었을까? 그래도 신기루도시를 탈출할 수 있었을까? 아니, 절대 그러지 못했으리라. 나는 우리가 정치를 한 덕분에 신기루도시를 무사히 탈출할 수 있었다고 믿는다.

다 함께 행복한 정치!

어떤 정치가 **좋은 정치**일까?

정치인들은 **무슨 일**을 할까?

우리가 **할 수 있는** 정치

교과서에 나오는 정치

어떤 정치가 좋은 정치일까?

'정치(政治)'는 나라를 다스리는 일이라는 뜻으로, 국민들이 인간답게 살 수 있도록 갈등을 조정하고 사회 질서를 바로잡는 것을 말해요. 뉴스나 신문에서 하루도 빠짐없이 정치 문제를 다루는 이유는 정치가 그만큼 우리 생활에 중요하기 때문이에요.

사람은 혼자서는 살 수 없어요. 사회 속에서 다른 사람과 관계를 맺으며 살아갈 때 참다운 삶을 살 수 있지요. 이때 모든 사람이 상대방을 먼저 존중하고 배려하며, 사회에서 정해 놓은 규칙을 잘 따른다면 다툼과 갈등은 없을 거예요.

하지만 이 세상 어디에도 그런 사회는 없어요. 사람마다 제각각 성격이 다르고 생각이 달라서 자주 갈등이 일어나거든요. 갈등이 커져서 큰 싸움이 일어나기도 하고요. 그래서 사람들 사이에 일어나는 갈등을 원만히 조정하고 사회 질서를 유지하기 위해 정치가 생겨났지요.

그럼 어떤 정치가 좋은 정치일까요? 무리를 지어 생활하는 동물들을 보면 힘으로 서열을 정해서 질서를 유지해요. 동물의 세계는 힘을 바탕으로 한 철저한 약육강식의 세계이지요. 하지만 사람은 동물과는 달리 말로 의사소통을 할 수 있는 능력이 있어요.

 사람들이 모여 사는 사회에서는 물리적인 힘보다 대화를 통해 문제를 풀어 나가려고 하는 정치적 태도가 중요하지요. 여러 사람이 함께 모여 살다 보면 때로는 말이 많아지고, 때로는 소란스럽게 보이기도 해요. 하지만 이런 소란을 폭력이나 힘으로 누르려고 해서는 안 돼요. 서로 생각이 다른 사람들과 끊임없이 대화를 통해 올바른 해결책을 찾아야 하지요. 대화와 타협으로 문제를 해결하고, 갈등을 조정해 나갈 줄 아는 정치가 올바른 정치예요.

 정치를 올바르게 하면 모든 사람이 행복하게 살 수 있지만, 정치를 올바르게 하지 않으면 모든 사람이 불행해져요. 다툼과 싸움이 많아지면 우리 모두는 불행하게 살 수밖에 없을 테니까요.

정치는 다 함께 행복하게 살 수 있도록

대화와 타협을 통해 갈등를 해결하고

사회 질서를 유지해요

정치인들은 무슨 일을 할까?

정치인들은 사회 안에서 일어나는 여러 가지 문제를 해결하고, 모든 국민이 안정적이고 행복하게 살 수 있는 방법을 찾는 일을 해요.

정치인들은 국민들이 안정된 생활을 할 수 있도록 일자리를 만들어 주어야 해요. 또 국민이 낸 세금으로 도서관이나 공원 등 공공시설을 만들기도 하고, 갑작스러운 재난에서 국민을 보호하기 위해 재난 예방, 복구, 구조 활동 등을 하는 기구를 운영하기도 해요. 국민들이 편안하게 생활할 수 있게 쾌적한 환경을 만드는 일도 정치인들이 해야 할 일이지요.

사회의 여러 가지 문제를 해결하고

국민이 안정적이고 행복하게

살 수 있는 방법을 찾아요

나라 안에서 두루 쓰이는 공동의 규칙을 정하는 일도 정치인들이 해야 하는 일이에요. 국회의원은 법률을 제정할 수 있는 권한이 있어요. 국회의원들은 국민의 불편을 해소하고 나라의 발전을 위해 새로운 법을 만들기도 하고, 불필요한 법을 없애 버려요.

정치인들은 나라 안의 일만 하지 않아요. 나라와 나라 사이의 분쟁을 막고 여러 가지 갈등을 조정하며 통제하는 역할을 해요.

나라와 나라가 무역을 할 때 합리적인 기준을 정하는 일도 해요. 경쟁력이 약한 물품은 나라가 앞장서서 보호해 줘야 하지요.

이처럼 정치인들은 해야 하는 일이 참 많아요. 어느 하나 허투루 해서는 안 되지요. 따라서 국가의 운명을 짊어지는 정치인들은 청렴결백하고 책임감이 아주 강해야 해요.

하지만 무엇보다 좋은 정치인은 항상 국민의 뜻에 귀를 기울이고, 국민을 섬기는 마음을 가지고 있어야 해요. 그런 마음가짐을 가지고 정치를 할 때 올바른 정치를 할 수 있답니다.

우리가 할 수 있는 정치

혹시 정치는 나와 상관없는 일이라고 생각하고 있나요? 그렇다면 얼른 생각을 바꿔야 해요. 정치는 우리 국민 모두의 생활에 직접적인 영향을 미치거든요. 나와 상관없는 정치는 없어요. 정치를 잘하면 살기 좋아지지만 정치를 잘못하면 살기 힘들어지니까요. 그래서 우리 모두는 정치에 애정을 가지고 관심을 기울여야 하지요.

학교 정문 앞에 자동차를 주차해 놓으면 벌금을 내야 하고, 학교 앞 문방구에서는 게임기를 들여 놓으면 안 돼요. 또 어린이들에게 담배나 술을 팔면 안 되고, 학교에서 폭력을 휘두르면 벌을 받아야 해요. 이런 모든 법과 규칙은 정치인들이 만들어요. 만약 정치인들이 불공정하고 잘못된 법과 규칙을 만들면 우리는 불행해질 수밖에 없어요.

정치는 정치가만 하는 게 아니에요. 나라의 주인인 국민들이 정치에 관심을 가지고 적극적으로 참여해야 해요. 무엇보다 모든 국민이 선거에 참여해 올바른 정치인을 직접 뽑아야 해요. 그리고 모든 국민은 정치인들이 나라를 잘 이끌어 가는지 항상 관심을 가지고 감시해야 하지요. 선거에서 정치인이 국민에게 약속한 공약을 잘 지키고 있는지도 지켜봐야 해요. 잘못을 저지른 정치인에게서 권한을 빼앗는 것도 우리 국민이 해야 하는 일이에요.

또 신문, 잡지, 인터넷 등을 통해 자신의 의사를 표현하거나 시민단체 등에 가입해 적극적으로 정치에 참여하는 것도 우리가 할 수 있는 정치 행위예요.

여론을 통해서도 정치에 참여할 수 있어요. 여론은 사회에서 일어나는 어떤 문제에 대해 많은 사람들이 가지는 생각이나 의견이에요. 국민의 뜻이 정치에 반영될 수 있는 방법 가운데 하나가 바로 여론이지요. 국민들의 여론은 정부에서 정책을 만들어 나가고 그것을 실현하는 데 큰 영향을 끼친답니다.

물론 무조건 정치를 비판하거나 간섭하려고 하는 것은 좋지 않아요. 정치인들이 더 좋은 정치를 할 수 있도록 애정과 관심을 기울이고 참여하는 것이 중요하답니다.

선거를 통해 올바른 정치인을 뽑고

관심을 가지고 적극적으로 참여해요

교과서에 나오는 정치

 민주주의가 뭘까?

　국민이 주권(국가의 의사를 최종적으로 결정하는 권력)을 가지고, 주권을 스스로 행사하는 정치 제도 및 사상을 민주주의라고 해요. 우리나라는 헌법에서 '대한민국의 주권은 국민에게 있고 모든 권력은 국민으로부터 나온다'고 정해 놓았어요. 또한, 미국 제16대 대통령 에이브러햄 링컨은 게티즈버그 연설에서 "that government of the people, by the people, for the people(국민의, 국민에 의한, 국민을 위한 정부)."라는 명언을 남겼어요. 국민이 곧 나라의 주인이 되어 스스로 권력을 행사할 수 있어야 한다는 뜻으로, 민주주의 정신을 잘 드러내는 말로 평가받고 있답니다.

　민주주의가 잘 실현되려면 다음과 같은 몇 가지 원리가 잘 지켜져야 해요.

　기본권이 보장되어야 해요. 민주주의의 근본이념은 인간 존중이에요. 인간이라면 누구나 가지고 있는 기본적인 인권을 존중하며 인간다운 삶을 살 수 있게 해야 한다는 뜻이지요. 인간의 기본권은 자유와 평등에 기초한답니다.

　입헌주의예요. 입헌주의란 국민 주권 및 기본권을 보장하기 위해 국가 및 사회 공동체 생활이 헌법이 정하는 범위 내에서 이루어져야 한다는 뜻이에요.

다수결원리에 따라야 해요. 다수결원리는 민주주의 기본 원리로, 집단의 일을 다수의 뜻에 따라 결정한다는 뜻이지요.

권력 분립이에요. 권력 분립이란 국가 권력을 각각 다른 기관에 나누어 주고, 서로 견제하게 하여 권력의 균형을 이루게 하는 정치 원리예요. 권력이 한 개인이나 한 기관에 집중되지 않게 막아 주므로 국민의 자유와 권리를 잘 보장할 수 있지요. 우리나라에서는 입법부(국회), 행정부(정부), 사법부(법원)로 이루어진 삼권 분립 체제를 따르고 있어요.

 직접 민주주의와 간접 민주주의는 뭐가 다를까?

옛날 그리스의 도시 국가 아테네에서는 모든 시민(여자와 노예 제외)이 직접 정치에 참여하는 직접 민주주의를 실현했어요. 하지만 인구가 증가하고, 도시 규모가 확대되자 모든 사람이 정치에 참여하기가 사실상 불가능해졌지요. 그래서 국민은 자신의 뜻을 대변해 줄 수 있는 대표자를 뽑아 전문적으로 정치를 하게 맡겼답니다. 이것이 바로 오늘날 간접 민주주의예요. 대통령을 뽑고, 국회의원을 뽑는 선거 등이 간접적으로 정치에 참여하는 간접 민주주의 방식이에요.

참정권이 뭘까?

참정권이란 국민이 직접 또는 간접으로 나라의 정치에 참여할 수 있는 권리를 말해요. 정치적 자유권이라고도 해요. 일반적으로 선거권(유권자로서 투표를 할 수 있는 권리)과 피선거권(선거에 출마해 당선인이 될 수 있는 권리)을 아울러 말해요. 참정권이 법으로 보장된 지는 얼마 되지 않았어요. 과거에는 일부 귀족이나 돈이 많은 사람에게만 참정권이 부여되었고요. 여자나 평민, 노예 계층은 정치에 참여할 수 없었지요. 18~19세기 프랑스와 미국의 인권선언을 계기로 많은 사람에게 참정권이 주어지기 시작했고, 여성들도 20세기에 활발히 펼쳐진 여성 해방 운동 덕분에 참정권을 보장받게 되었답니다.

 ### 현대 민주주의 정치 제도는 뭐가 있을까?

대표적으로 대통령 중심제와 의원 내각제가 있어요.

대통령중심제는 권력 분립의 원리에 따라 입법부와 행정부가 엄격히 분리되어 있는 정치 체제예요. 대통령은 행정부의 최고 수장으로, 국회에 종속되지 않고 임기 동안 행정부를 책임지고 통솔할 수 있는 권한을 갖지요. 단, 대통령의 권한이 워낙 강력하다 보니 자칫 독재로 이어져 민주주의를 훼손할 수도 있어요.

의원 내각제는 내각 책임제라고도 불러요. 대통령 중심제와 달리 권력 분립이 엄격하게 지켜지지 않고, 국회와 내각(행정부)의 권력 융화를 기본 원칙으로 하지요. 그래서 내각은 국회의 신임을 받아야 구성될 수 있어요. 만약 국회의 신임을 잃으면 내각은 유지될 수 없답니다. 이처럼 의원 내각제에서는 국회가 법적으로 내각보다 우위에 있어요. 영국이나 일본 같은 의원 내각제 국가에서는 국회의 정당별 의석수를 기준으로 여당과 야당을 나눠요. 의석을 많이 차지한 정당이 여당이 되고, 의석을 적게 차지한 정당이 야당이 돼요.

 풀뿌리 민주주의가 뭘까?

대다수 국민이 직접 공동체 문제에 참여하는 참여 민주주의를 말해요. 국민 개개인에게 골고루 영향을 끼친다는 점에서 대중적인 민주주의라고도 해요. 우리나라에서는 지방 자치를 의미하지요. 지역 주민이 자신이 살고 있는 지역의 일을 스스로 결정하고 해결해 나가며 지역 살림살이를 꾸려 나가는 것을 말한답니다.

다 함께 잘사는 법을 알려 주는 정치 동화

신기루도시의 정치를 구하라!

2015년 9월 15일 초판 2쇄 발행

글쓴이 | 황근기
그린이 | 이정은
펴낸이 | 정수은
제　작 | 정희원 정수진
편　집 | 이인영
디자인 | 박가애
마케팅 | 주상욱 정진욱
펴낸곳 | 도서출판 초록우체통
등　록 | 2009년 3월 19일 제307-2009-17호
주　소 | 서울시 마포구 연남동 254-10, 402호
전　화 | 02-6673-0421
팩　스 | 0505-673-0421
이메일 | gpostbox@naver.com
블로그 | http://blog.naver.com/gpostbox

ⓒ 2012　황근기　이정은
ISBN 978-89-962477-7-7 73800